Se protéger du stress et réussir

Groupe Eyrolles
61, bd Saint-Germain
75240 PARIS Cedex 05

www.editions-organisation.com
www.editions-eyrolles.com

De Philippe Rodet

L'ardeur nouvelle, Nouvelles Éditions Debresse, 2000.

Le stress : nouvelles voies, Éditions de Fallois, 2007.

Se libérer du stress : un médecin urgentiste raconte, Eyrolles, 2010.

Les photos sont la propriété des personnes interviewées.

DANGER LE PHOTOCOPILLAGE TUE LE LIVRE

Le code de la propriété intellectuelle du 1er juillet 1992 interdit en effet expressément la photocopie à usage collectif sans autorisation des ayants droit. Or, cette pratique s'est généralisée notamment dans les établissements d'enseignement, provoquant une baisse brutale des achats de livres, au point que la possibilité même pour les auteurs de créer des œuvres nouvelles et de les faire éditer correctement est aujourd'hui menacée.

En application de la loi du 11 mars 1957, il est interdit de reproduire intégralement ou partiellement le présent ouvrage, sur quelque support que ce soit, sans l'autorisation de l'éditeur ou du Centre français d'exploitation du droit de copie, 20, rue des Grands-Augustins, 75006 Paris.

© Groupe Eyrolles, 2011
ISBN : 978-2-212-55180-8

Dr Philippe Rodet

Romain Bourdu

Préface de Daniel Guillermin,
P-DG de Shiseido International France

Se protéger du stress et réussir

Sept leviers de motivation

Quatrième tirage 2014

EYROLLES

Avant-propos

Philippe Rodet est un homme d'action et de réflexion. Médecin urgentiste il a côtoyé la souffrance sur tous les terrains de la planète et appris à s'adapter à toutes les situations. Passionné par les rapports humains, il a développé avec l'académicienne helléniste Jacqueline de Romilly l'association L'Élan nouveau des citoyens. Amis depuis plus de dix ans, ils se téléphonaient tous les soirs et se voyaient deux à trois fois par semaine pour des conversations espiègles et toujours empreintes d'humanisme. Chaque fois la doyenne de l'Académie française l'accueillait en lui disant: *« Quoi de neuf, aujourd'hui, mon petit Docteur ? »*

Au nom de cette confiance dans les valeurs humaines, il s'intéresse depuis plus de vingt ans à l'influence bénéfique de la motivation aussi bien sur la réussite que sur le bien-être.

Aujourd'hui Philippe Rodet s'allie à Romain Bourdu pour nous livrer sa nouvelle parution : *Se protéger du stress et réussir.*

Emmanuel Moreau,
grand reporter

© Groupe Eyrolles

Sommaire

© Groupe Eyrolles

© Groupe Eyrolles

© Groupe Eyrolles

« Choisissez un travail que vous aimez,
et vous n'aurez pas à travailler un seul jour de votre vie. »

CONFUCIUS

© Groupe Eyrolles

Préface

Daniel Guillermin

Vouloir associer les mots « travail » et « bien-être » apparaîtra spontanément surprenant pour certains, anachronique, voire même un brin provocateur pour d'autres.

En effet, le mot « travail » vient du latin « *trepalium* » (*tres palus*) qui représente un instrument de torture ! Sans aller aussi loin, les usages les plus communs du mot représentent des activités subies et considérées comme une charge (ensemble de tâches, opérations pénibles, contraintes, efforts imposés...).

Sans oublier que de plus en plus, le travail est considéré comme source de stress ! Un sujet sur lequel le docteur PHILIPPE RODET réfléchit depuis près de vingt ans, avec une approche originale et intéressante, puisque totalement neutre et sans aucun préjugé, celle du scientifique, en l'occurrence celle du médecin, qui plus est médecin urgentiste

© Groupe Eyrolles

ayant côtoyé de multiples tragédies et partagé d'innombrables situations de désarroi et de découragement.

Ces expériences, il nous les fait partager dans ses livres précédents, en particulier *Se libérer du stress*, son dernier ouvrage paru. À partir de nombreuses situations vécues, il nous fait part de son analyse, d'une part sur les raisons qui font que dans des situations critiques, des individus trouvent l'énergie nécessaire pour surmonter l'insurmontable, et d'autre part, sur les mécanismes qui permettent ces sursauts dans des situations désespérées.

Il en résulte dix règles simples et pratiques pour réduire son niveau de stress, retrouver confiance et de nouveau conduire une vie sociale, familiale et professionnelle active.

Pour en avoir appliqué les grands principes dans mon entreprise (six cents personnes sur deux sites industriels), je peux confirmer que cela marche.

Au départ, une conviction forte que j'ai de longue date, est que la performance de l'individu, et donc celle de l'entreprise, dépend bien plus de la motivation que de tout autre facteur.

À partir de là, j'ai construit un système de management, guidé par un projet d'entreprise qui donne du sens à nos actions, et fondé sur un référentiel de valeurs fortes et reconnues qui caractérisent notre maison.

Puis, pour faire vivre ces valeurs, tous les managers ont été formés et ont acquis les principes managériaux d'écoute, de respect et de valorisation des individus, ainsi qu'une forte sensibilité à l'exemplarité; le tout étant encadré par des règles du jeu (droits et devoirs) communiquées et partagées par tous les salariés de l'entreprise.

© Groupe Eyrolles

Les résultats : une ambiance de travail plus conviviale, où l'entraide prend le pas sur le conflit, où les défis sont vécus comme stimulants plus que contraignants, où les perspectives d'épanouissement personnel vont de pair avec la progression des résultats de la maison.

Entreprise idéale pensez-vous ? Eh bien pas encore, car réduire le stress et apporter des sources d'épanouissement personnel, c'est bien, mais ne pourrait-on pas aller plus loin encore…

et oser le bien-être au travail !

Et c'est là que le nouveau livre de Philippe Rodet et Romain Bourdu nous vient en aide.

Il nous explique :

- comment fonctionne cette alchimie :
  performance ⇔ motivation ⇔ bien-être ;
- comment mettre en place un processus vertueux, motivation ⇨ initiative ⇨ réalisation concrète ⇨ épanouissement ⇨ motivation ;
- et comment ce processus génère performance pour l'entreprise et bien-être pour les hommes de l'entreprise.

Ayant mis en place une telle démarche baptisée « Initiative » dans mon entreprise, consistant à développer et à transformer le potentiel créatif de chacun en réalisations concrètes et bénéfiques pour l'entreprise, je commence à mesurer à quel point c'est un puissant outil de motivation générateur de résultats et instillateur de bien-être dans les équipes.

© Groupe Eyrolles

Merci à toi Philippe pour tes précieux conseils qui sont à consommer sans modération.

DANIEL GUILLERMIN

PRÉSIDENT-DIRECTEUR GÉNÉRAL
SHISEIDO INTERNATIONAL FRANCE
VICE-PRÉSIDENT DÉLÉGUÉ COSMETIC VALLEY

© Groupe Eyrolles

Remerciements

Pour leur participation concrète à notre ouvrage, nous tenons à remercier chaleureusement :

Sophie Lamalle : directrice adjointe des ressources humaines du groupe Korian.

Patrick Dumoulin : directeur de Great Place to Work, en France.

Daniel Guillermin : président-directeur général de Shiseido International France et vice-président délégué de Cosmetic Valley.

Charles-Benoît Heidsieck : président de l'association Le Rameau.

Gontran Lejeune : président national du Centre des Jeunes Dirigeants (2008-2010).

Jean-Louis Marrou : directeur adjoint de la rédaction de *L'Entreprise*.

Emmanuel Moreau : animateur de l'émission « Transeuropéenne » (France Inter).

Martin Richer : directeur général de Secafi.

Jean-Yves Yvenat : directeur de la Caisse d'assurance retraite et de santé au travail de Normandie.

Nous tenons également à remercier : Yacine Akhrib, Raphaël Anton, Alain Bourdu, Élodie Bourdu, Sébastien Bourdu, Julie Checconi, Patrice Dezallé, Marie-Claude Dumontet, Jacqueline Rivet, Florence Rodet, Marielle Rodet.

© Groupe Eyrolles

Introduction

Dans les temps anciens, lorsque l'être humain était confronté à un danger, il tirait un bénéfice de sa réaction de stress.

Dans de telles circonstances, les bronches se dilataient, enrichissant le sang en oxygène ; le cœur, plus efficace, augmentait le débit sanguin, permettant ainsi à un sang plus oxygéné de mieux irriguer les organes essentiels, et notamment le cerveau, lequel gagnait en performance. Parallèlement à ces phénomènes, le taux de sucre dans le sang s'élevait amenant à l'organisme les réserves d'énergie nécessaires.

En cas de plaies, les vaisseaux de la périphérie de l'organisme étaient plus resserrés et l'adhésivité des plaquettes modifiée, ce qui diminuait le risque d'hémorragie.

Enfin, en cas de blessures importantes, potentiellement douloureuses, des endorphines étaient libérées, ce qui contribuait à diminuer le niveau de douleurs…

Le stress était alors un réel atout. Il n'était pas toxique, car rare et associé le plus souvent à une activité physique, qui « consommait » les substances alors libérées.

Longtemps les effets du stress ont été largement positifs, aidant tout un chacun à traverser au mieux de grands dangers.

Aujourd'hui, les effets du stress « posent problème » en raison de :

- l'augmentation du nombre de sources de stress, dépassant de ce fait nos capacités d'adaptation ;

© Groupe Eyrolles

- la tendance à la régression des « facteurs de protection » du stress comme le sens du travail, le lien social, les solidarités de proximité…
- l'insuffisance de l'activité physique qui permet de « consommer » en partie les hormones libérées en excès en cas de stress.

Il devient donc urgent de restaurer un certain équilibre.

Parallèlement, depuis une cinquantaine d'années, la nature du travail a considérablement changé, devenant généralement moins physique et de plus en plus intellectuel. On comprend alors facilement que les leviers de motivation d'hier, adaptés à ces activités souvent plus simples, parfois génératrices de stress, ne soient plus adaptés au temps présent où la complexité des tâches va croissant.

Les nouveaux leviers de performance devront être adaptés à la complexité du travail d'aujourd'hui et se comporter comme des facteurs de protection vis-à-vis du stress, c'est-à-dire non seulement ne pas en générer mais, en plus, en corriger ses effets quelles que soient ses origines.

Ces nouveaux leviers de performance, issus de travaux menés dans différents pays, ont été expérimentés. Ils s'avèrent autant capables d'optimiser la réussite d'un salarié que celle d'un collégien ou d'un étudiant. Et surtout, ils permettent d'allier à cette réussite, le bien-être toujours, le plaisir souvent, et le bonheur quelquefois !

© Groupe Eyrolles

Partie 1

Sous l'effet conjugué de l'augmentation du stress et du changement du travail, les leviers de motivation doivent s'adapter

© Groupe Eyrolles

CHAPITRE 1

Depuis une cinquantaine d'années, les effets du stress augmentent

Définitions du stress

Le mot « stress » est, depuis quelques années, bien connu du grand public. Mais pour être certain que l'on parle bien tous du même phénomène, je vais rappeler ici deux de ses définitions. L'une, plus médicale peut-être, plus générale en tout cas, émane de Hans Selye. L'autre, plus orientée activité professionnelle, provient de l'Agence européenne pour la sécurité et la santé au travail.

Le stress selon Hans Selye

Hans Selye est un chercheur d'origine austro-hongroise, qui a vécu au Canada. Il est reconnu pour avoir fait, dès 1936, des descriptions précises des réactions du stress chez l'être vivant.

© Groupe Eyrolles

Selon lui : « *Le stress est la réponse non spécifique que donne le corps à toute demande qui lui est faite.* »

- Le stress est une « réponse », puisque la libération de substances dans notre organisme fait suite à une stimulation.
- La réponse est « non spécifique », parce que le stress est le seul phénomène pour lequel des stimulations d'origines différentes entraînent toujours le même effet : la libération de substances identiques (neuromédiateurs, hormones).
- « Toute demande » indique bien l'étendue des sources de stress.

Le stress selon l'Agence européenne pour la sécurité et la santé au travail

Cette définition date des années 2000. Elle précise que « *Un état de stress survient lorsqu'il y a déséquilibre entre la perception qu'une personne a des contraintes que lui impose son environnement et la perception qu'elle a de ses propres ressources pour y faire face. Bien que le processus d'évaluation des contraintes et des ressources soit d'ordre psychologique, les effets du stress ne sont pas uniquement de nature psychologique. Il affecte également la santé physique, le bien-être et la productivité de la personne qui y est soumise* ».

Deux aspects importants sont à souligner dans cette définition :

- l'état de stress est uniquement généré par la perception d'un déséquilibre entre contraintes et ressources.

© Groupe Eyrolles

Cela revient ainsi à exclure les sources de stress d'origine physique à l'image du bruit, de la vitesse, des variations de température ou de pression…

- les conséquences du stress touchent aussi bien la santé des salariés que la productivité de l'entreprise.

UN NIVEAU DE STRESS QUI VA CROISSANT

Des sources de stress de plus en plus nombreuses

Différentes causes de stress sont abordées parce que c'est en mesurant leur étendue et leur diversité que l'on prend conscience de l'intérêt d'agir, là où on le peut, pour en diminuer les effets.

> **Stressés !**
>
> Une étude canadienne[1] citée en 2006 par la psychologue canadienne, Marie-Odile Lamarche, explique que l'être humain est programmé pour résister à cinq, voire sept sources de stress par semaine. Or, il en subit en moyenne… cinquante par jour !

Pour des raisons de clarté, les sources de stress sont regroupées en trois grandes catégories : chimique, physique, et psychique.

1. http://www.voir.ca/publishing/article.aspx?article=37566&s

© Groupe Eyrolles

Les différentes sources de stress

Des sources d'origine chimique

Les sources chimiques du stress sont les plus rares. Elles sont citées avant tout parce qu'elles ont été à l'origine de la description des réactions au stress par Hans Selye. Il s'est aperçu que lorsqu'il injecte des substances toxiques de différentes natures à des rats, les lésions occasionnées sont identiques quelle que soit la substance injectée. À chaque fois, il constate des lésions articulaires, vasculaires et des anomalies du tissu lymphoïde, le tissu impliqué notamment dans les défenses naturelles et les réactions allergiques.

Des sources d'origine physique

Les sources physiques sont plus fréquentes.

Parmi celles-ci, la première qui vient à l'esprit est le bruit. C'est une source de stress particulière car le stress augmente la sensibilité au bruit. Plus le bruit persiste, plus le stress augmente, plus le bruit apparaît important et intolérable. Ce phénomène explique que, devant une source de bruit intense perçue comme agressive, un individu peut en arriver à commettre un geste irréparable à l'égard de la personne responsable du bruit.

Autre source physique : la vitesse. Si l'on met des capteurs de fréquence cardiaque sur le thorax d'un automobiliste, plus celui-ci roule vite, plus la fréquence cardiaque s'accélère, témoignant d'une réaction de stress.

Les variations rapides de température entrent également dans cette catégorie. Il peut s'agir de causes d'origine

© Groupe Eyrolles

professionnelle dans des entreprises où des unités sont surchauffées alors que d'autres sont réfrigérées. Il peut aussi s'agir de changements climatiques brusques. C'est ainsi que le « coup de froid » hivernal favorise la survenue d'épisodes infectieux en diminuant l'efficacité de nos défenses naturelles vis-à-vis de certains virus ou de certaines bactéries.

Enfin, les variations de pression sont aussi des sources physiques de stress. Lorsque l'on prend l'avion par exemple, la pression atmosphérique est plus basse puisque, malgré la pressurisation, l'altitude résiduelle dans la cabine est d'environ deux mille mètres. Cette pression plus basse génère du stress.

Des sources d'origine psychique

Les sources de stress d'origine psychique sont de loin les plus fréquentes.

Il y a bien sûr la perception d'un danger imminent. Lorsque l'on est en voiture et que l'on perçoit un danger imminent, le stress optimise le fonctionnement de notre organisme pendant quelques secondes et contribue ainsi à augmenter nos chances de survie !

La famille peut aussi constituer une véritable source de stress d'origine psychique. Que ce soit par le biais de tensions entre parents, ou entre parents et enfants. Par exemple à cause des difficultés scolaires d'un enfant. Un jour, un dirigeant d'une très grosse PME me disait : *« Ma principale cause de stress, ce sont mes enfants. »* Si la famille est source de stress, il convient de remarquer que le stress peut altérer les relations entre les membres de cette même famille…

© Groupe Eyrolles

Un ami, responsable des questions de santé dans un groupe industriel français, résumait ces interactions par une belle formule : *« On va au travail avec, dans son sac, les pierres accumulées dans sa famille, et on rentre chez soi avec dans son sac les pierres accumulées au travail. »*

Les problèmes de santé d'un proche ou de soi-même sont aussi des sources de stress majeures. Il est important d'y penser lorsqu'un salarié se sent brutalement moins bien ou lorsque les résultats scolaires d'un enfant s'effondrent.

Qu'elle soit due à l'impression de se sentir en danger physiquement ou à des craintes par rapport à son avenir professionnel, l'insécurité est source de stress. Ce second aspect est bien évidemment exacerbé dans les périodes de crise.

La nouveauté peut aussi constituer une source de stress non négligeable. Le changement de travail plonge l'adulte dans une période de stress inévitable qu'il vaut mieux anticiper. À l'échelle de l'entreprise, il suffit de voir ce qu'il se passe lors de la mise en œuvre d'un nouveau service informatique pour mesurer l'ampleur du stress inhérent au changement !

Tous différents face aux changements

Il convient d'être vigilant en cas de changement, car ce qui peut apparaître mineur par certains peut être vécu comme majeur par d'autres et source de grand stress.

L'environnement de travail n'est pas anodin. En raison des trajets, notamment. Dans les grandes villes, le trajet entre le domicile et le lieu de travail peut présenter de nombreuses difficultés et donc de multiples sources de stress. Il peut s'agir d'embouteillages avec le risque d'arriver en retard à

© Groupe Eyrolles

un rendez-vous important, ou d'aléas liés aux transports en commun qui allongent la durée du trajet.

Quant aux parents qui doivent conduire leurs enfants à la crèche avant d'aller travailler, ils ont intérêt à effectuer un savant calcul afin de ne pas arriver à la crèche trop tôt et d'être présents à leur travail à temps… Et réaliser le même calcul le soir – partir du travail à temps pour arriver avant la fermeture de la crèche –, sachant qu'une simple réunion tardive peut tout perturber et générer un stress croissant.

Il faut, bien évidemment, citer aussi quelques sources de stress liées directement au travail.

Quelques sources de stress directement liées à l'activité professionnelle

Si le travail au sein d'une organisation intelligente peut être enrichissant, permettant à l'Homme de se dépasser et de se faire plaisir, dans d'autres circonstances, il peut aussi être source de stress et dangereux pour la santé.

Le risque

Comme première source de stress professionnel, on peut citer le risque. Sachant que la part de risque de certains métiers (militaires, policiers, gendarmes, sapeurs-pompiers…) a tendance à s'accentuer depuis quelques années.

L'enjeu

Proche du risque, il y a ensuite l'enjeu, qui est lui aussi de plus en plus fréquent. À titre d'exemples, on peut citer les professions juridiques (magistrats, avocats), les professions de santé, les enseignants, les acteurs politiques mais aussi tous les salariés dont les actes pourront avoir des conséquences importantes.

© Groupe Eyrolles

- Un magistrat est parfois dans le doute face à la culpabilité d'un individu et doit trancher entre deux dilemmes : laisser un coupable impuni ou condamner un innocent.
- Un médecin hésite souvent face à une radiographie qui n'est pas très évocatrice ou à une biologie qui ne confirme pas l'hypothèse clinique pressentie ; cependant, là non plus, il ne faut pas se tromper.
- Un enseignant a la responsabilité de transmettre ses savoirs. Or, il est parfois confronté à des situations très difficiles qui viennent altérer ses capacités à transmettre. Tous les jours, il prendra conscience d'une situation qui le peinera au plus profond de lui-même.
- L'acteur politique est aussi souvent confronté à des choix qui, s'ils ne s'avèrent pas justes, pourront avoir des conséquences dramatiques. Cela paraît évident à un haut niveau de l'activité politique, mais se vérifie aussi à une échelle plus locale. Le maire d'une petite commune est souvent confronté à des choix complexes et à fort enjeu.

L'aléa

À côté de l'enjeu, il y a la notion d'aléa, que l'on retrouve dans toutes les professions en rapport notamment avec les éléments naturels.

- Un agriculteur pourrait voir sa récolte anéantie par des conditions climatiques défavorables.
- Un pêcheur professionnel ne peut se rendre en mer que sous certaines conditions. Et l'impossibilité de pêcher est synonyme d'absence de revenus.

© Groupe Eyrolles

L'urgence

Quel que soit le contexte, les contraintes en termes de temps sont des sources de stress majeures. Et l'urgence de la tâche à accomplir est particulièrement génératrice de stress.

L'accélération de la vitesse de transmission des données fait que l'on travaille de plus en plus en temps réel… même lorsque cela n'est pas forcément nécessaire. Et managers comme managés sont soumis à ce titre à la même enseigne : une cadence de travail qui ne laisse pas le temps de respirer.

On le sait, de nombreuses sources de stress proviennent de difficultés de management. Les managers, quoique bien formés, ont besoin de temps pour mener à bien leur tâche d'encadrement. Or, ils ne disposent souvent que du temps nécessaire pour gérer les urgences de travail…

La position hiérarchique

Sur le plan professionnel, le fait qu'un salarié occupe un poste non adapté à son profil psychologique peut suffire à générer du stress.

Une étude canadienne a montré qu'un salarié introverti en position d'adjoint subit peu de stress, alors que le même profil en position de dirigeant est victime, quoi qu'il fasse, d'un niveau de stress important. Parallèlement, un salarié extraverti sera stressé s'il occupe un poste d'adjoint, et se portera bien s'il exerce des fonctions de dirigeant. La solution n'est pas d'éviter qu'une personne introvertie devienne un dirigeant mais de faire en sorte qu'elle se sente soutenue si cela se produit. De la même manière, un salarié extraverti en position d'adjoint se portera d'autant mieux qu'il bénéficiera d'un pouvoir de décision dans certains domaines.

© Groupe Eyrolles

Le départ à la retraite

Une source de stress bien plus importante que ce que l'on pourrait imaginer est… le départ à la retraite ! Si le travail peut être à l'origine d'un niveau significatif de stress, le départ à la retraite correspond à une source de stress aussi intense qu'une séparation au niveau d'un couple… Un ami parti récemment en retraite m'informe du déséquilibre de son diabète. Un autre souffre de lombalgies sévères. Sans parler d'un confrère qui me donnait des nouvelles de son infarctus… Lorsque l'on conseille de préparer un départ à la retraite, ce n'est pas une vue de l'esprit !

Un stress plus ou moins conscient

Dans les facteurs de stress d'origine psychique, nous pouvons en outre aborder ceux inhérents au fonctionnement humain : l'absence de reconnaissance, la peur de la maladie, du vieillissement, de la dépendance, de la mort…

Et de manière souvent moins consciente, il y a lieu d'évoquer les craintes face aux risques de terrorisme, de conflits armés qui verront partir des êtres chers, de certaines épidémies… Lorsque l'on regarde un journal télévisé, le nombre de sources de stress dont on n'a pas forcément conscience est impressionnant !

Pour conforter la réalité du stress non conscient, il suffit de mentionner les « ulcères de stress » survenant lors d'interventions chirurgicales alors que le patient est anesthésié…

© Groupe Eyrolles

Des facteurs de protection au stress de moins en moins présents

Si les effets du stress nous préoccupent de plus en plus, cela vient d'une part de l'augmentation du nombre de sources mais aussi de la diminution en parallèle des facteurs de protection tels que le sens au travail, le lien social… Ces facteurs de protection seront abordés tout au long du développement des leviers de motivation intrinsèque car ceux-ci agissent comme tels.

Une activité physique qui tend à diminuer

Autre facteur qui contribue à aggraver les effets du stress, une activité physique devenue trop rare. Or, lorsque l'on pratique une activité physique de manière régulière, on va « consommer » des hormones sécrétées en excès lors de réactions de stress. Au Canada, la réhabilitation des escaliers et l'incitation des salariés à les emprunter s'étaient avérées très efficaces sur les effets du stress. Marcher, faire du vélo, nager sont autant d'activités bénéfiques.

Des conséquences qui peuvent être graves

En termes de santé physique, les dégâts dus au stress sont multiples

On peut retenir qu'il favorise le développement de certaines pathologies et aggrave l'évolution d'autres. À titre d'exemples, citons l'influence du stress sur les maladies cardio-vasculaires (hypertension artérielle, infarctus,

© Groupe Eyrolles

angine de poitrine, accident vasculaire cérébral...), sur les pathologies impliquant le système immunitaire (augmentation du risque d'allergies, diminution des défenses naturelles...), sur les affections rhumatismales (arthrose, maladies auto-immunes, troubles musculo-squelettiques...), sur les troubles digestifs (ulcères gastriques, gastrites, reflux gastro-œsophagien, colopathies fonctionnelles...), et sur les désordres moraux (dépressions, suicides...). Il se passe rarement un mois sans que des chercheurs ne découvrent de nouvelles maladies liées au stress.

En termes de performance économique, le stress est néfaste

Sur le plan de la performance, on a longtemps pensé qu'un peu de stress était nécessaire. Cette perception se traduisait sur une courbe d'allure gaussienne. Le début de la courbe se situe dans une zone de bien-être, où le salarié ne subit pas de stress. Il est donc supposé ne pas être performant. La courbe retombe dans un secteur où le niveau de stress est excessif. Là, on reconnaît que l'excès est néfaste pour la performance. Le milieu de la courbe ou le faîte de la cloche, reflète la corrélation entre un certain niveau de stress et un bon niveau de performance.

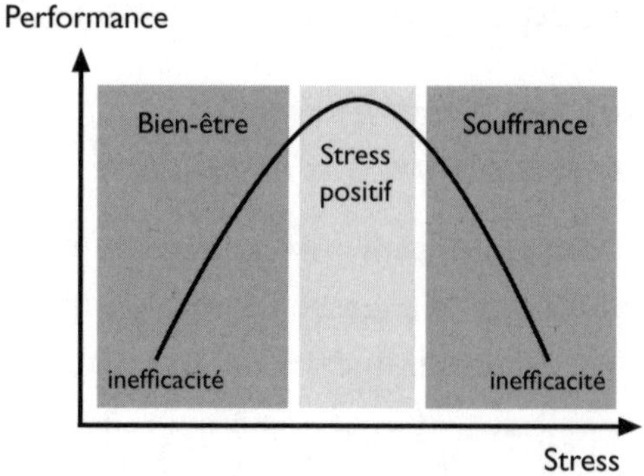

La courbe à l'origine du management par le stress

© Groupe Eyrolles

Dès lors qu'il s'agit de salariés exerçant des tâches simples, la pression d'enjeu et le management par le stress peuvent s'avérer probants, sur une courte durée. En outre, dans les années 1960, le niveau de stress moyen de la population était assez bas. Le stress qui pouvait alors être lié au travail était beaucoup mieux supporté. Sa traduction, notamment sur le plan de la santé, était donc moindre.

En revanche, dans le contexte du début du XXIe siècle, le stress est néfaste à la performance. Les récents travaux[1] du professeur ÉRIC GOSSELIN sont, sur ce point, très riches d'enseignement.

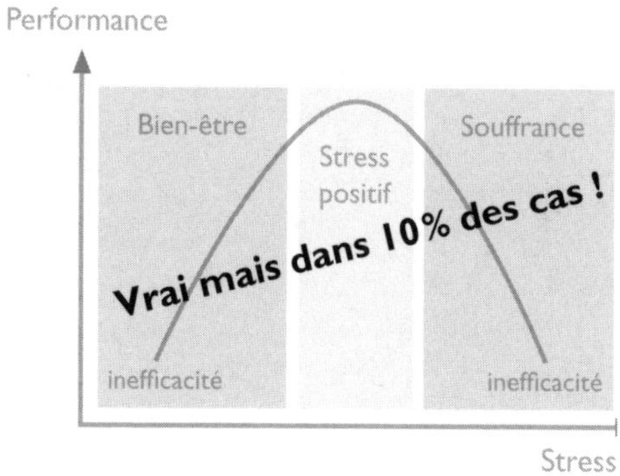

La méta-analyse réalisée par son équipe porte sur 52 études indépendantes. Ces travaux démontrent que la courbe d'allure gaussienne citée précédemment, reflétant un niveau de performance qui augmente en corrélation avec le « juste » niveau de stress, n'est plus significative que dans… 10 % des cas ! Dans 15 % des situations observées, le stress n'a pas d'incidence significative. En revanche, dans 75 % des cas, les chercheurs observent que dès que le stress augmente, la performance diminue !

1. http://www.stress-info.org/nouvelles-recentes/stress-et-performance/

© Groupe Eyrolles

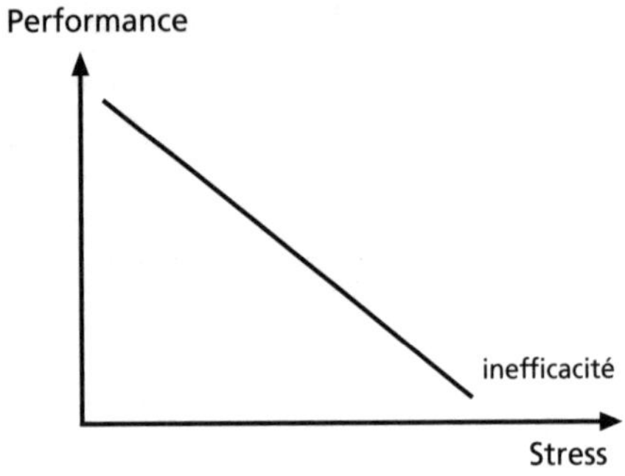

Le stress est néfaste à l'efficience intellectuelle, contrairement à la sérénité, qui l'améliore, comme le confirme une récente étude[1] sino-américaine.

1. http://www.futura-sciences.com/fr/news/t/medecine/d/la-meditation-augmente-les-performances-de-lesprit-et-reduit-le-stress_13140/

CHAPITRE 2

La nature et l'environnement du travail évoluent

AU TRAVAIL PHYSIQUE ET SIMPLE D'HIER...

Dans les années 1960, la pénibilité est avant tout physique. On a tous en mémoire de nombreuses tâches souvent répétitives, physiquement difficiles et éprouvantes pour l'organisme.

De nombreuses tâches « simples » sont encore réalisées par des individus, tâches peu gratifiantes mais très peu exigeantes sur le plan mental.

La concurrence est encore essentiellement nationale et nombre d'entreprises se satisfont d'une croissance permettant d'assurer leur pérennité. De ce fait, dans les grands États modernes, les cadres exerçant des missions qui mobilisent l'intellect côtoient une grande majorité de salariés qui

© Groupe Eyrolles

exercent des activités tout aussi essentielles, mais à l'origine d'une charge mentale moindre.

Si les contraintes physiques sont importantes, le facteur temps est souvent plus souple et contribue à éviter l'émergence du stress. On travaille très dur, souvent longtemps, mais à un rythme généralement acceptable.

Au fil du temps, la pénibilité physique tend à diminuer alors que la pénibilité psychique augmente. Parallèlement, les activités les plus simples vont être progressivement réalisées par des systèmes techniques ou externalisées dans des pays où la main-d'œuvre est peu coûteuse.

...Se substitue le travail mental et complexe d'aujourd'hui

Actuellement, le travail requiert souvent un haut niveau de technicité. De plus en plus de missions reposent avant tout sur la capacité des salariés à anticiper, à s'adapter, à imaginer, à innover, en un mot à... penser!

Autres changements induisant des effets identiques : le développement croissant des nouvelles technologies de l'information et de la communication. Grâce à nos téléphones mobiles, nous sommes désormais joignables partout, vingt-quatre heures sur vingt-quatre. On gère un nombre croissant de messages électroniques dans des délais de plus en plus brefs. Qu'il est loin le temps où l'on prenait des nouvelles de notre interlocuteur avant d'entrer dans le vif du sujet! Récemment, un ami m'expliquait qu'il recevait un « e-mail » avec en « objet » de celui-ci, le prénom et le nom d'un de ses amis. Il imagine alors l'annonce d'une promotion, voire d'un départ à la retraite. Il s'agissait d'informer du décès de cet ami… Auparavant, ce genre d'événements arrivait sur une carte contenue dans une enveloppe avec un liseré noir, nous laissant en quelque sorte le temps de nous préparer à une mauvaise nouvelle.

L'utilisation des nouvelles technologies de l'information et de la communication se fait aussi, parfois, aux dépens des relations humaines. Avant, lorsqu'il y avait un souci au niveau d'un dossier, les différents intervenants se voyaient et échangeaient de vive voix. Actuellement, le recours aux seuls échanges informatiques peut favoriser l'émergence d'incompréhensions et donc de tensions.

L'optimisation du temps est aussi à l'origine de la quasi-disparition des moments d'échange et de convivialité entre collègues. Or, ces moments, outre le fait qu'ils contribuaient à résoudre bien des difficultés, favorisaient les solidarités de proximité.

Engagement salutaire

Longtemps, on a souhaité que le salarié soit centré, le plus souvent, sur son travail et, si possible, uniquement sur son travail. Le fait d'avoir un salarié qui se fasse plaisir dans un engagement social ou humanitaire a été souvent mal perçu. Or, l'engagement dans une cause d'intérêt général est extrêmement protecteur.

Depuis quelques années, le courant tend à s'inverser, preuve s'il en est d'une certaine prise de conscience.

© Groupe Eyrolles

Les changements sont plus nombreux qu'au siècle précédent, que ce soit au niveau des entreprises qui fusionnent, achètent ou vendent des parts de capital… ou au niveau professionnel, notamment en raison de l'obligation de se doter d'outils informatiques efficaces, adaptés et reconnus par les clients et les fournisseurs.

L'enjeu s'est aussi largement accru. Par exemple, au milieu du XXe siècle, le menuisier qui sciait une planche après une erreur de calcul perdait une partie de sa planche. Aujourd'hui, l'action est tellement démultipliée que le même menuisier perdrait un nombre considérable de planches.

Autre changement survenu dans le travail : le fait de trop souvent prioriser la rapidité d'exécution à la qualité. Que penser du manager qui explique à l'un de ses collaborateurs que réaliser une tâche de manière parfaite n'est pas nécessaire, l'essentiel étant d'arriver à 80 % de cette perfection ? Si, en termes de rentabilité, cela peut parfaitement se comprendre, sur le plan humain les effets sont très différents.

Matière à penser

Un salarié qui réalise sa mission du mieux qu'il peut est satisfait de son travail et beaucoup mieux armé pour résister au stress qu'un salarié qui n'éprouvera du plaisir que le jour où il recevra son bulletin de paye.

Enfin, avec des activités professionnelles de plus en plus urbaines et isolées de la cellule familiale, l'environnement de travail est de plus en plus difficile.

© Groupe Eyrolles

CHAPITRE 3

Les outils de motivation ne sont plus adaptés, de nouveaux outils doivent voir le jour

LES OUTILS DE MOTIVATION SONT INADAPTÉS AUX TÂCHES ACTUELLES

Les limites des systèmes de motivation du XXe siècle

Concernant les outils de motivation utilisés dans les années 1960, on pourrait dire, pour résumer, que l'on allie d'un côté des récompenses et de l'autre des menaces. D'où la référence au système de la carotte et du bâton.

- Du côté des récompenses, on trouve bien sûr les primes et lorsque l'on veut essayer d'assurer une certaine paix sociale, l'intéressement. Sur cet aspect des

© Groupe Eyrolles

primes, les travaux des chercheurs reconnaissent que pour une activité simple, les récompenses sont efficaces. Et, nous l'avons vu, au milieu du XXe siècle, les tâches sont en effet, pour la plupart, plutôt simples.

- Sur le versant des menaces, on est à l'époque culte de la pression d'enjeu : « *Si vous ne réussissez pas à faire ce que l'on vous demande, mieux et dans un délai plus court, on vous vire.* » On cherche les moyens d'augmenter la pression d'enjeu afin d'intensifier le travail de nombreux salariés. Pour toutes les activités justifiant une faible mobilisation de l'intellect, cela s'avère assez souvent efficace.

C'est aussi la période phare du management par le stress. On augmente le niveau de stress des salariés afin d'en améliorer la performance. C'est à ce moment-là qu'émerge la célèbre courbe d'allure gaussienne tendant à prouver que pour atteindre la quintessence de la performance, un juste niveau de stress est nécessaire.

Daniel H. Pink, dans ses réflexions, met bien en lumière les limites de ces systèmes de motivation issus du XXe siècle. Le mode de management traditionnel, fondé sur un système de sanctions et de récompenses, suscite une motivation extrinsèque, c'est-à-dire fondé sur des éléments extérieurs à l'individu.

© Groupe Eyrolles

DANIEL H. PINK
ou la promotion de la voie de l'excellence

DANIEL H. PINK est un auteur américain, conseiller et conférencier reconnu dans le monde entier. Il a été l'un des collaborateurs du secrétaire au Travail ROBERT REICH avant de devenir rédacteur en chef des discours du vice-président AL GORE (de 1995 à 1997). Ses articles sur le monde du travail paraissent dans de nombreuses revues et journaux notamment la prestigieuse *Harvard Business Review,* le *Sunday Telegraph* ou encore le *New York Times*... Il est l'auteur de plusieurs best-sellers sur les mutations du monde du travail, ouvrages dans lesquels il montre l'intérêt de mobiliser les qualités profondes de l'être humain pour trouver la voie de l'excellence :

- *L'Homme aux deux cerveaux* (2007).
- *La vérité sur ce qui nous motive* (2009).
- *Les Aventures de Johnny Bunko : le seul guide de carrière dont vous avez besoin* (2009).

Trois expériences pour analyser les mécanismes mentaux de résolution de problèmes en termes de motivation

KARL DUNCKER où comment aller au-delà des fonctions usuelles d'un objet

En 1940, un psychologue américain, KARL DUNCKER, s'intéresse aux difficultés qui surgissent lorsque l'on résout un problème. Il met au point une expérience intéressante avec une bougie, des allumettes et une boîte de punaises. Les sujets doivent faire en sorte que la bougie soit fixée au mur en utilisant seulement les accessoires proposés.

© Groupe Eyrolles

« *Fixez la bougie au mur de manière à ce que la cire ne coule pas sur la table.* »

Certaines personnes essayent de fixer la bougie avec une punaise qui la traverse ; d'autres de faire fondre la bougie pour la coller contre le mur… sans plus de succès.

Après quelques tentatives, la solution apparaît pour la plupart des participants : il convient de coller la bougie dans la boîte des punaises (avec la cire), puis de fixer le couvercle contre le mur grâce aux punaises. La solution consiste donc à dépasser la fonction que l'on attribue spontanément à un objet. Il s'agit de ne plus voir la boîte comme un simple contenant mais comme un support pour bougie.

© Groupe Eyrolles

La résolution de problèmes complexes nécessite une certaine souplesse mentale comme ici : utiliser des objets de manière inhabituelle.

Sam Glucksberg ou comment analyser le lien entre motivation et résolution de problème

Un chercheur, Sam Glucksberg, de la prestigieuse université de Princeton, a repris l'expérience[1] précédente il y a quelques années. Il divise les participants en deux groupes.

- Pour le premier groupe, il ne fait que chronométrer le temps que les participants mettent à résoudre le problème.
- Pour le second groupe, il choisit de les motiver en proposant une récompense financière à ceux qui feront partie

1. Glucksberg, S. « Problem-solving: response competition and the influence of drive », *Psychological Report*, 1964, 15, 239-314.

© Groupe Eyrolles

des 25 % les plus rapides. Récompense qui sera d'ailleurs quadruplée pour le plus rapide d'entre eux.

Intuitivement, nous pensons que le groupe motivé par la prime financière se montrera plus performant. Il s'avère que les résultats obtenus vont exactement dans le sens contraire. En effet, le groupe que l'on motive par l'argent met en moyenne trois minutes et demie, de plus, pour résoudre le problème ! Différentes équipes de chercheurs ont reproduit cette expérience et sont arrivées aux mêmes conclusions.

Comment cela se fait-il ? La motivation nuirait-elle à la performance ? Non rassurez-vous, ce n'est pas de cela qu'il s'agit. En s'appuyant sur diverses autres expériences, les scientifiques ont compris le phénomène. Lorsque l'on stimule les individus par des récompenses ou des sanctions (motivation extrinsèque) on diminue le plaisir et l'intérêt lié à la tâche elle-même (motivation intrinsèque). Par exemple, les enfants récompensés financièrement pour effectuer une tâche éprouvent moins de plaisir que les autres lors de sa réalisation. Et contrairement à ce que nous aurions pu penser, ces deux manières de motiver ne se cumulent pas.

Par ailleurs, la pression d'enjeu est plus forte pour le second groupe. Le niveau de stress augmente, et la personne focalisée sur la récompense n'explore pas de nouvelles manières de résoudre ce problème complexe. Sa créativité et son ingéniosité sont bridées. Sa performance intellectuelle s'en trouve amoindrie.

En revanche, dans une seconde expérience, les chercheurs ont simplifié la tâche en disposant les punaises d'une part

© Groupe Eyrolles

et la boîte d'autre part. Pour ce problème plus facile, le groupe à qui l'on promet une récompense se montre plus performant.

Conclusion sans appel

- Pour les tâches simples, évocatrices du travail des années 1960, les incitations financières sont efficaces.
- Pour les tâches complexes, évocatrices du temps présent, les récompenses deviennent contre-productives, en raison de la pression d'enjeu qu'elles induisent.

Pour reprendre le constat de Daniel Pink, « *Il y a un fossé entre ce que la science sait et ce que le monde des affaires fait* ». Par ailleurs, celui-ci appuie son raisonnement sur les récents travaux d'un éminent chercheur, Dan Ariely[1].

Dan Ariely ou la non-corrélation des niveaux de récompense sur la performance

Il a mené avec son équipe, une étude sur des étudiants du Massachusetts Institute of Technology (MIT)[2].

1. Dan Ariely est considéré comme l'un des plus grands spécialistes en économie comportementale. Ses travaux ont été publiés dans des revues spécialisées et des journaux tels que le *New York Times*, le *Wall Street Journal*… Il a également enseigné dans de prestigieux établissements américains comme le Massachusetts Institute of Technology (MIT) ou l'université Duke. Il est l'auteur de nombreux ouvrages, dont le best-seller *C'est (vraiment ?) moi qui décide*, 2008.

2. Ariely, Dan; Gneezy, Uri; Loewenstein, George; Mazar, Nina, « Large Stakes and Big Mistakes », *Review of Economic Studies*, April 2009, v. 76, iss. 2, p. 451-469.

© Groupe Eyrolles

Les chercheurs ont soumis aux étudiants différents jeux qui mobilisent leur créativité, ou leur adresse ou encore leur concentration. À chaque fois, trois niveaux de récompense – petite, moyenne et grande – sont proposés.

Les résultats montrent que pour les tâches mécaniques, plus la récompense proposée est élevée et plus la performance des étudiants est importante.

Pour les tâches comportant une dimension cognitive, même peu importante, plus la récompense est élevée et moins la performance est bonne.

Une autre étude a été menée en Inde, pour vérifier si le niveau de revenu du pays ou la culture pouvait avoir une influence sur les résultats. Les conclusions sont ici encore, sans appel : « *Dans huit des neuf tâches examinées au cours de trois expériences, les incitations les plus fortes ont mené aux pires performances.*[1] »

Trouver de nouveaux leviers de motivation efficaces

On constate, à travers ces différentes études, que les outils de motivation qui fonctionnent lorsque les tâches sont simples perdent de leur efficacité dès que les missions deviennent complexes. Or, en ce début de XXIe siècle, nous

1. http://www.ted.com/talks/lang/fre_fr/dan_pink_on_motivation.html

© Groupe Eyrolles

devons essentiellement faire face à des missions complexes. Il nous faut trouver de nouveaux leviers de motivation, efficaces en situation difficile, et puissamment rattachés aux qualités profondes de l'être humain.

Les outils qui permettent de motiver les collaborateurs présentent donc une importance capitale. Inappropriés, ils généreront du stress et anéantiront la performance individuelle et collective. Adaptés, ils permettront d'allier bien-être du salarié et performance aussi bien individuelle que collective.

© Groupe Eyrolles

PARTIE 2

Des outils de motivation ancrés sur les qualités profondes des êtres humains, efficaces et… protecteurs du stress !

© Groupe Eyrolles

De nombreuses sources de stress proviennent de difficultés de management. Les managers, nous l'avons déjà dit, ont besoin de temps et d'exemplarité. Or, ils ne disposent souvent que du temps nécessaire pour gérer les urgences, et eux-mêmes ne bénéficient pas toujours d'attentions particulières.

Combien de salariés manquent-ils de considération, de liberté d'action, d'une bonne visibilité de l'utilité de leur action, d'objectifs clairs et précis, d'encouragements sincères au bon moment... ? Tous ces manques sont à l'origine de nombreuses situations de mal-être. Les salariés ont tous en tête des exemples concrets qui mettent en avant l'importance du management.

Les sept outils de motivation exposés dans cet ouvrage ont pu être éprouvés et développés dans des entreprises pionnières qui cherchent à établir un lien entre la performance à laquelle les incitent un contexte concurrentiel ardu et un modèle d'entreprise respectueux auquel les encouragent les valeurs qui sous-tendent notre société.

Pris séparément, des auteurs ont clairement pu démontrer leur intérêt et leur impact ; combinés, la pratique montre que ces sept outils de motivation se potentialisent et débouchent sur un véritable cercle vertueux entre motivation, performance et bien-être.

- Les trois premiers outils de motivation présentés, l'autonomie, la maîtrise et le but, s'inspirent largement des réflexions de Daniel H. Pink ou encore de Mihaly Csikszentmihalyi[1].

1. Mihaly Csikszentmihalyi est un psychologue d'origine hongroise. Professeur à l'université de Claremont en Californie, il est reconnu pour ses travaux sur la notion de *flow*.

© Groupe Eyrolles

- Les quatre outils suivants, l'optimisme, la justesse, les encouragements et le pardon ont des effets en termes de motivation démontrés par plusieurs auteurs. Parmi ceux-ci, on peut citer Martin Seligman, Albert Bandura, Rébecca Shankland ou encore Robert Emmons.

Les sept outils présentés ressortent exclusivement de ce qu'il est convenu d'appeler la motivation intrinsèque ; celle qui mobilise les ressorts internes et les qualités profondes de l'individu, à l'exclusion d'apports motivationnels qui pourraient résulter de concours externes tels que la rémunération.

En revanche, il est bien entendu que, même si ce n'est pas l'objet des propos développés dans cet ouvrage, dans le monde de l'entreprise, ces outils ne peuvent être envisagés que si les collaborateurs bénéficient de conditions de travail dignes et, en particulier, sont rémunérés de manière équitable. Il ne s'agit pas de remplacer le salaire par la motivation, il s'agit de permettre à des collaborateurs rémunérés de manière juste de s'accomplir dans leur travail et de donner le meilleur d'eux-mêmes au service d'une ambition qui les dépasse.

© Groupe Eyrolles

CHAPITRE 1

L'autonomie

La liberté d'action appelle le succès

L'autonomie libère la créativité

À l'échelle d'une civilisation

L'Homme est conduit par la liberté d'action. L'histoire en offre des exemples inlassablement répétés. Jacqueline de Romilly l'exprime avec éclat dans un texte de 2008 consacré à l'engagement : « *Les Athéniens lorsqu'ils travaillaient pour un maître ne se donnaient aucune peine et aussitôt libérés, travaillant pour eux-mêmes, ils firent un grand effort et connurent de grands succès. Ceci se traduisit d'ailleurs dans les faits puisque d'abord la liberté et l'enthousiasme des combattants rendaient compte de succès des Grecs contre un envahisseur bien plus nombreux, et que bientôt la démocratie à Athènes coïncida avec un effort extraordinaire dans tous les domaines et en particulier dans le domaine culturel où apparaissent alors tous les chefs-d'œuvre.* »

© Groupe Eyrolles

Il est indéniable qu'à l'échelle d'une civilisation ou d'une société la liberté d'action et son corollaire, l'autonomie, peuvent être à l'origine d'une ardeur exceptionnelle et de grandes réalisations !

À l'échelle individuelle

À l'échelle individuelle, la médecine en fournit un autre exemple vivant et actuel. C'est un domaine où l'autonomie est de règle et où il ne peut en être autrement. Dans sa pratique humanitaire, parfois exposée à des conditions extrêmes, il devient parfois vital d'imaginer, dans l'instant, de nouvelles solutions. Un exemple, survenu dans un dispensaire de brousse au sud-ouest du Burkina Faso vaut ici mieux que bien des théories.

> Un nourrisson de quelques mois, gravement déshydraté et souffrant visiblement de paludisme, est amené par sa mère au dispensaire. Il fallut de très nombreuses tentatives pour réussir à le perfuser à la main, mais il restait à immobiliser celle-ci pour faciliter l'écoulement du précieux liquide qui allait réhydrater le jeune enfant et traiter son affection. À bout de solution toute faite et immédiate, un abaisse-langue, savamment bricolé et fixé avec une bande afin d'éviter tout mouvement de la main, s'avéra être le recours ultime et salvateur. Parallèlement, la stagnation de l'urine sous l'enfant entraînant des complications, fut confectionné, encore une fois avec les moyens du bord et un peu d'imagination et de créativité, un petit étui pénien pour faciliter l'évacuation du liquide.
>
> Au bout de quelques jours, l'enfant est reparti guéri.

© Groupe Eyrolles

Au-delà du cas d'espèce dont l'exemple se produit en permanence dans des conditions délicates d'exercice de la médecine, ce que l'on retiendra, c'est la capacité créative induite par l'autonomie. L'autonomie, confrontée à la réalité, libère la créativité qui permet de faire ce que l'on était incapable d'imaginer.

Au total, après ces exemples ci-dessus que chacun d'entre nous pourrait parfaitement alimenter de ses réflexions, connaissances ou expériences propres, pourquoi ne pas considérer que ce qui a fait le succès de toute une civilisation, ce qui fonctionne au niveau individuel pourrait également constituer un facteur de performance dans le domaine de l'entreprise ?

À l'échelle des entreprises

C'est le pas franchi par Daniel H. Pink qui analyse plusieurs exemples d'entreprise où des expériences d'autonomie – de liberté d'action – ont été menées.

Le groupe australien Atlassian qui fournit des outils de développement de logiciels à plus de 20 000 clients dans 134 pays représente une référence. Ce groupe organisait une journée de l'autonomie plusieurs fois dans l'année. À cette occasion, il était demandé aux ingénieurs de s'investir sur le sujet de leur choix dès lors qu'il ne s'agissait pas de leur mission habituelle. Le soir, un grand rassemblement permettait aux ingénieurs de faire part de leurs réflexions. Il a été admis que, grâce à ces journées privilégiant l'autonomie, un nombre significatif de corrections de dysfonctionnements divers avait pu voir le jour. Devant les succès constatés, Atlassian a étendu cette démarche d'autonomie.

© Groupe Eyrolles

Chez Google, près de la moitié des nouveaux produits naissent pendant les 20 % de temps d'autonomie intense.

Un autre principe, défini par deux consultants, Jody Thompson et Cali Ressler, illustre, lui aussi, l'impact positif de l'autonomie : il s'agit de l'environnement de travail axé uniquement sur les résultats (ROWE : *Results Only Work Environnement*). Ce principe selon lequel les employés sont payés pour des résultats plutôt que le nombre d'heures travaillées, mis en place dans une douzaine d'entreprises en Amérique du Nord, permet aux employés de travailler quand ils veulent, comme ils veulent, d'où ils veulent. Les réunions sont… optionnelles. Dans la grande majorité des cas, les résultats ont été excellents avec une augmentation de la productivité, de l'engagement, de la satisfaction des salariés et… une diminution du turnover !

Ce cas pourrait paraître extrême à certains et il l'est certainement. En revanche, lorsque l'on écoute Jean-François Zobrist, le président de Favi, leader mondial en fonderie sous-pression d'alliages cuivreux, on a une vision proche et là aussi une entreprise très performante. Dans cette grosse PME de plus de 500 salariés, on n'a ni tableau de production, ni horaires fixes, ni indicateurs de qualité, ni même de direction des ressources humaines et pourtant… elle tourne à merveille. L'autonomie est tellement importante que, même si elle génère des dysfonctionnements minimes, les bénéfices inhérents à la qualité du climat l'emportent très largement !

Lors d'une table ronde organisée par le Salon Créer à Lille en septembre 2010 et consacrée à la place de l'Homme dans l'entreprise, Arnaud Garni, le directeur de la communication interne et institutionnelle de Leroy Merlin expliquait

© Groupe Eyrolles

que la force de son entreprise était de ne pas se comporter comme un groupe mais comme une flottille de magasins autonomes.

Ces différents exemples illustrent bien l'effet qu'une part plus ou moins importante d'autonomie peut avoir sur la créativité, sur l'engagement, sur le plaisir à travailler et donc sur la performance.

Et cependant, souvent, on a peur de l'autonomie.

Pourquoi ne pas craindre l'autonomie ?

On pense que l'autonomie va favoriser les dérives et surtout que certains salariés seront incapables d'imaginer des schémas aussi intéressants que ceux mûris suite à la confrontation de brillants esprits. Souvenons-nous d'abord que la performance vient avant tout de l'enthousiasme de tout un chacun.

> **Évidence…**
>
> Il est plus efficace d'avoir des collaborateurs enthousiastes que des collègues las de reproduire des consignes qu'ils ne partagent pas.

L'autonomie peut en effet aller de pair avec certaines dérives. De tels cas seront vite repérés et il sera alors possible d'en rappeler les principes. En outre, la vraie question est de savoir si ces éventuelles dérives ne seront pas plutôt largement compensées par l'efficience exceptionnelle d'une majorité de collaborateurs qui se sentiront bien.

Nous avons vu que l'autonomie était source de créativité et

© Groupe Eyrolles

d'ardeur dans bien des domaines. Mais, est-ce que cela n'est pas juste dans la vie de tous les jours ? Si l'on nous impose de faire certaines choses à des moments précis, nous serons moins efficaces que si nous choisissons le moment où nous allons les réaliser avec… envie !

Le pouvoir d'agir mène au bien-être

Si l'autonomie est synonyme de liberté et de succès, elle a un autre mérite, c'est d'être source de… bien-être !

La souffrance due à « l'amputation du pouvoir d'agir »

En matière de santé, on est plus habitué à mesurer les conséquences du manque d'autonomie, de liberté d'action, que les bienfaits inhérents à l'autonomie.

La liberté d'action apparaît d'autant plus accessoire qu'elle ne manque pas. Lorsque l'on voit ce qui se passe sur certains plateaux d'assistance téléphonique, on prend conscience de la souffrance consécutive à l'absence de liberté d'action. Quand on voit des personnes obligées de recourir à une grille de questions et de réponses, on mesure la frustration que cela représente. Paul Ricœur résumait fort bien la difficulté liée au manque de liberté d'action lorsqu'il parlait de la souffrance due à « *l'amputation du pouvoir d'agir* ».

Cette souffrance-là peut être visualisée de manière très concrète. Parfois, après un long voyage en automobile, le

© Groupe Eyrolles

passager ressent un torticolis. Il s'agit le plus souvent d'une contracture des muscles paravertébraux sous l'influence du stress, lui-même lié – à la différence du conducteur – à l'absence de possibilité d'action en cas de nécessité. L'amputation du pouvoir d'agir est bien source de souffrance !

Laisser de la liberté d'action

Au niveau professionnel, chaque fois que cela est possible, il faut laisser de la liberté d'action. J'ai connu une entreprise qui permettait à ses salariés de bénéficier d'amplitudes horaires importantes et cela avait grandement contribué à améliorer le bien-être de ceux-ci.

Dans une autre entreprise, le dirigeant fixait les objectifs à chacun de ses collaborateurs et leur demandait d'agir au mieux pour atteindre les objectifs en question, laissant à ceux-ci le choix de leurs stratégies. Les résultats de l'entreprise étaient à l'image de la santé des salariés : excellents !

L'autonomie, par le sentiment de confiance et le plaisir qu'elle induit, est donc à la fois source de performance et de bien-être. Certains leviers permettent effectivement bien d'allier excellence et bien-être !

En pratique

- Laisser de la liberté d'action à chaque collaborateur, sous quelque forme que ce soit.
- Organiser une journée de l'autonomie annuelle puis, si possible, trimestrielle.
- Élargir, autant que faire se peut, les plages de travail et les amplitudes horaires.

© Groupe Eyrolles

L'autonomie
vue par
Jean-Yves Yvenat

Directeur de la CARSAT de Normandie

Les marges d'autonomie, facteur de performance dans les organisations complexes

L'amélioration des performances d'une organisation n'a pas obligatoirement pour corollaire l'augmentation du stress ou la dégradation des conditions de travail. Elle tient sans doute au perfectionnement des processus et du système d'information mais surtout aux marges de manœuvre des opérateurs. Les concepteurs de ces systèmes oublient trop souvent ce facteur essentiel de motivation et, sans doute pour se rassurer, « verrouillent » les procédures. Il est illusoire de croire que tout peut être réglé sur le papier à partir d'une réflexion dans le silence de son cabinet. Cette tendance est lourdement aggravée par la multiplication des normes et des

© Groupe Eyrolles

référentiels: démarche qualité, plan de sécurité, contrôle interne, de maîtrise des risques et la formalisation des procédures au nom de la traçabilité. Sans nier l'intérêt de ces démarches, elles peuvent être vues par les opérateurs comme des contraintes. L'informatique a fait renaître le taylorisme dans le secteur de l'administration et des services, alors que cette approche avait régressé dans les branches industrielles.

Les performances d'une organisation dépendent largement du facteur humain. Il faut donc permettre à ce qui est humain de s'exercer pleinement. Il est plus facile d'agir dès la conception de la chaîne de travail en y associant les opérateurs et en procédant plutôt par expérimentation avant de généraliser le système. L'informatique peut être utilisée non comme un instrument de contrainte mais comme un outil qui renforce l'opérateur – aide à la décision, auto-organisation, mobilisation du savoir, etc.

Il faut partager avec l'opérateur les buts généraux de l'organisation et ses valeurs. Il est bien sûr plus facile d'obtenir ce résultat quand la mission de l'organisation relève de l'intérêt général. Il faut toutefois éviter de le faire de manière théorique ou désincarnée en établissant concrètement le lien entre les valeurs de l'organisation et l'activité quotidienne du service. Le sentiment de l'utilité sociale des opérateurs doit pouvoir coïncider avec la mission d'intérêt général de l'organisation.

La direction doit s'intéresser, non pas seulement à un suivi global de l'activité par des tableaux de bord chiffrés, mais à la résolution des cas concrets, des difficultés individuelles. Il faut valoriser la résolution de cas difficiles, faire échanger sur les bonnes pratiques. L'un des leviers peut être le suivi du traitement des réclamations ou encore de s'intéresser à la médiation.

© Groupe Eyrolles

© Groupe Eyrolles

CHAPITRE 2

La maîtrise

La maîtrise, un processus complexe, qui conduit notamment à un état de concentration optimale (*flow*)

La maîtrise, à l'image de l'autonomie, est un levier de motivation qui postule que l'être humain est la clé de la performance.

L'examen des différents éléments constituant ce levier permettra de se rendre compte qu'il est, dans les faits, applicable dans de nombreux domaines.

Les difficultés de mise en œuvre de ce principe résident dans le fait que l'oubli d'un de ses éléments constitutifs altère grandement son efficacité. Il est donc essentiel d'être vigilant quant à toute tentation de simplification.

© Groupe Eyrolles

Fixer les objectifs en fonction des compétences

La maîtrise nécessite la définition, pour une personne, du bon degré de difficulté qu'elle peut atteindre par rapport à ses compétences. Ce niveau étant précisé, il est ensuite indispensable de programmer des points d'étape réguliers afin de s'assurer que l'objectif initialement fixé se situe au bon niveau, ni trop haut, ni trop bas. Ces moments d'échange sont extrêmement importants et ne doivent absolument pas avoir le caractère de sanctions. Ils doivent être perçus comme des moments de considération et permettre de convaincre la personne de ses capacités à réussir.

Un parallèle peut ici aisément être établi avec ce qui se produit dans le domaine scolaire. La logique initiale est la même : on situe les élèves dans des classes où ils vont devoir progresser, l'objectif fixé étant censé correspondre au bon niveau de difficulté pour la moyenne des élèves. En revanche si l'on souhaitait aller au bout de la démarche, l'écueil résultant du fait que l'objectif n'est pas individuel mais collectif devrait être compensé par l'instauration de points ou « contrôles » mensuels permettant de conforter ceux qui réussissent très bien, d'encourager ceux qui sont dans la moyenne et de convaincre ceux qui sont en difficulté de leurs capacités à progresser et de notre volonté de les aider.

Combien d'enseignants, en accordant un entretien à un

© Groupe Eyrolles

élève, en fin de journée, ont eu un rôle déterminant et sont parvenus à le convaincre qu'il pouvait, lui aussi, parfaitement réussir ?

Dans le monde de l'entreprise, l'approche préconisée par Daniel H. Pink, s'appuie exactement sur ces mêmes mécanismes.

Il explique que la « maîtrise » correspond au fort désir de progresser de plus en plus et relie cette notion au concept de *flow*, énoncé par Csikszentmihalyi.

Les deux principales clés de l'état de *flow*

Le choix du niveau de difficulté des objectifs assignés aux collaborateurs et le contrôle régulier de l'adéquation de ce niveau de difficulté sont les deux principales clés de l'état de *flow*.

Un défi adapté

Le *flow* est obtenu d'autant plus facilement que le niveau de défi est en harmonie avec les capacités de la personne. Le challenge ne doit être ni trop facile, car il génère de l'ennui, ni trop difficile car il provoque alors du stress.

Un défi adaptable

Instaurer des boucles de rétrocontrôle

L'état de *flow* nécessite des points d'étape fréquents afin de s'assurer notamment de l'adéquation de la demande par rapport aux capacités du collaborateur. Ces contrôles, à l'image de ce qui a été décrit précédemment, doivent, là

© Groupe Eyrolles

aussi, être vécus comme des sources de considération. Ils doivent également être l'occasion de convaincre le collaborateur de ses capacités. Trop souvent, cet aspect, pourtant essentiel, est relégué, voire oublié. Là, le manager aura intérêt à recourir à des techniques de communication destinées à renforcer ses capacités à convaincre.

Pour convaincre

Insister sur ce qui est positif, en utilisant le plus possible des liens logiques forts, c'est-à-dire en exposant les arguments qui renforcent la crédibilité du propos.

Plus la logique est forte entre l'affirmation et les raisons de la réussite et plus le propos est convaincant. En effet, dire que nous allons réussir n'est pas la même chose que d'exposer pourquoi nous ne pouvons que réussir en nous fondant sur des arguments explicatifs rationnels et judicieux. Il s'agit par exemple de montrer à un collaborateur qu'il dispose de tous les atouts pour réussir en se référant à ses succès remportés lors de projets tout aussi complexes. On pourra également prendre appui sur ses capacités à sortir victorieux d'épreuves passées, attestant des capacités personnelles d'une personne.

Identifier et utiliser le bon registre sensoriel de l'interlocuteur

Dans de tels cas, pouvoir en outre s'appuyer sur des éléments de programmation neurolinguistique s'avère extraordinairement efficace. Il s'agit ici de repérer le canal de communication de la personne (visuel, auditif ou kinesthésique) et d'utiliser le même mode pour communiquer avec elle.

Utiliser le bon registre sensoriel de ses collaborateurs

- Un collaborateur « visuel » sera plus sensible à des propos contenant des mots évoquant la lumière ou les couleurs ou à des explications sollicitant des schémas.
- Un collaborateur « auditif » entendra mieux un propos contenant des mots évoquant des sons, des citations, des rythmes particuliers…
- Un collaborateur « kinesthésique » sera touché par les émotions éprouvées à l'évocation de la réussite de son projet.

Fixer des objectifs intermédiaires

Un autre intérêt de la « maîtrise » est de diminuer la pression d'enjeu en contribuant à fixer des objectifs intermédiaires. Or, la pression d'enjeu, c'est-à-dire la tension résultant de la prise de conscience d'un enjeu important dans lequel on a l'impression de jouer gros, est plus souvent source de stress que de performance, quel que soit le domaine. La célèbre formule du maréchal LYAUTEY met parfaitement en lumière la nocivité de la pression d'enjeu : « *Lorsque la vie des Hommes est en jeu, il faut en faire un jeu pour qu'ils oublient l'enjeu.* »

Or, il est un fait que, dans la vie de tous les jours, on a tendance à cultiver la pression d'enjeu, pensant créer une réaction, une ambiance propice à la mobilisation et à la réussite. Quel adolescent ne s'est pas entendu asséner : « *Si tu ne travailles pas plus, tu ne t'en sortiras pas. Seuls les meilleurs auront des postes intéressants.* » Avec un tel procédé, le seul résultat certain est de provoquer du stress chez nos enfants. Quant à l'envie de progresser, si elle devait résulter d'un tel discours, les jeunes seraient majoritairement heureux, brillants et performants !

© Groupe Eyrolles

Mise en œuvre des éléments clés du *flow*

Lorsque la tâche à accomplir est difficile pour le collaborateur :

- le rassurer et diminuer la pression d'enjeu en plaçant un objectif final au juste niveau ;
- lui fixer des objectifs intermédiaires et des points de contrôle réguliers de ceux-ci ;
- lors de chaque point de contrôle, le rassurer et le persuader qu'il est en route vers son objectif final.

Si la mise en œuvre de la maîtrise exige de la finesse, son intérêt en termes de performance est aujourd'hui de plus en plus reconnu dans le domaine managérial.

Le *flow*, un élément stratégique des entreprises

D'après Daniel H. Pink, Stefan Falk, vice-président en charge de l'innovation stratégique d'Ericsson, a eu recours au principe de *flow* pour fusionner avec succès des unités de l'entreprise. Il a convaincu les managers de distribuer les missions en faisant en sorte que les collaborateurs disposent d'objectifs clairs et de rétrocontrôles rapides. Fidèle au principe énoncé, il a aussi été demandé à chaque salarié et à son supérieur hiérarchique de réaliser six entretiens de quelques minutes par an plutôt que de se retrouver pour l'entretien annuel classique. Le *flow* a porté ses fruits et Ericsson y recourt aujourd'hui de plus en plus massivement.

Stefan Falk a ensuite travaillé chez Green Cargo, compagnie publique de transport scandinave, où il a mis au point une formation destinée aux managers fondées sur

© Groupe Eyrolles

les principes de *flow*. Une fois la formation dispensée, il a instauré le principe d'une rencontre mensuelle assurée par les managers pour l'ensemble de leurs collaborateurs dans le but d'apprécier l'adéquation entre les objectifs fixés et le travail fourni. Ces rencontres constituaient également des temps managériaux importants, destinés à témoigner de la considération aux salariés, à les convaincre et, lorsque nécessaire, à adapter leurs missions afin de les aider à atteindre l'état de *flow*. Après deux ans de réorganisation managériale, Green Cargo est devenue rentable pour la première fois depuis… cent vingt ans ! Les cadres de cette entreprise parlent aujourd'hui du mode de management centré sur le *flow* comme d'un facteur clé de succès.

Un certain nombre d'entreprises telles que Microsoft, Toyota ou Patagonia cherchent à favoriser l'état de *flow* car elles y voient à la fois une source de productivité et de… bien-être pour leurs collaborateurs.

Un état de *flow* favorise la prise de conscience de l'utilité de son travail et diminue les effets du stress

Outre ses effets directs sur la performance, un état de *flow* induit également des bienfaits en matière de santé, en favorisant notamment la diminution des états de stress. Ces effets sont liés à l'entrée en action simultanée de deux mécanismes.

© Groupe Eyrolles

Pour rappel, la maîtrise permet de progresser et de contrôler une situation nouvelle et dont on a pleinement conscience de l'importance. En cela, elle induit un état de satisfaction et provoque une source de plaisir.

En outre, le collaborateur qui sent qu'il progresse prend le plus souvent conscience de l'utilité de son activité pour autrui. Or, il est actuellement admis, notamment grâce aux travaux de PHILIPPE DAVEZIES[1], que le fait de prendre conscience de l'utilité de son travail pour autrui est protecteur notamment du stress. Dans un document intitulé « Travail et Santé », PHILIPPE DAVEZIES apporte une explication médicale à cette interaction : « *Le fait qu'il existe des structures neurologiques qui produisent une résonance interne avec l'activité d'autrui est évoqué comme pouvant expliquer le plaisir lié à la danse, qu'elle soit pratiquée ou simplement observée.* »

En outre, on l'a vu également, la maîtrise permet de diminuer la pression d'enjeu, et ce faisant, elle évite de générer un stress inutile.

En pratique

Fixer des objectifs précis, adaptés aux compétences de son collaborateur.

Réaliser des rétrocontrôles réguliers afin de :

- s'assurer du bon niveau de difficulté de l'objectif ;
- convaincre des capacités lorsqu'un doute s'installe ;
- témoigner à son collaborateur de la considération qu'on lui porte.

1. PHILIPPE DAVEZIES, enseignant-chercheur en médecine et santé au travail à l'université Claude-Bernard - Lyon I.

© Groupe Eyrolles

La maîtrise vue par Patrick Dumoulin

Directeur de Great Place to Work en France

S'assurer que chaque salarié peut donner le meilleur de lui-même tout en prenant du plaisir au travail

Depuis plus de vingt ans l'Institut Great Place to Work® interroge les salariés de dizaine de pays (45 aujourd'hui) afin de savoir s'ils évoluent dans des entreprises où il fait bon travailler.

Pourquoi, sur le terrain de la maîtrise, à savoir ce fort désir de progresser de plus en plus, certaines entreprises se distinguent-elles particulièrement ?

Parce que le salarié est au cœur de leur réflexion, et que chacun dans l'entreprise a sa chance pour atteindre le niveau le plus élevé compte tenu de ses compétences et de sa motivation, hors de ces plafonds de verre qui ne permettent qu'à

© Groupe Eyrolles

une petite partie de salariés issus bien souvent des mêmes écoles ou des mêmes cercles de se partager le pouvoir.

Dans certaines entreprises que nous connaissons bien, maîtrise et *flow* sont particulièrement pris en compte ; et, ce qui est intéressant, c'est que cela n'a rien à voir, ni avec la taille de l'entreprise, ni avec son secteur d'activité.

De Leroy Merlin à Mac Donald's, de Fedex à Nature et Découvertes, de Norauto à Novo Nordisk, on sait plus qu'ailleurs que des salariés heureux et épanouis vont donner bien et mieux à leur entreprise. C'est l'intérêt des dirigeants d'aider leurs salariés à progresser mais aussi à prendre du plaisir au travail. L'un et l'autre ne sont pas incompatibles !

Cela se traduit par un turnover ou un absentéisme très nettement inférieur à la moyenne de leur secteur d'activité. Les performances économiques de ces entreprises sont aussi étroitement corrélées à l'ambiance de travail très positive qui y règne.

Dans ces entreprises, chacun a une vision claire de son rôle et des objectifs économiques poursuivis. Une capacité à recruter, et accompagner les salariés dans leur développement, va minimiser très largement la possibilité de « sous exploiter » ou de « surexploiter » les capacités de chacun.

Écouter ses salariés, avoir aussi la certitude que les tâches confiées sont à la mesure de leurs capacités confortera alors chacun dans sa mission pour le plus grand profit de tous.

En ayant donc l'assurance que chaque salarié peut donner le meilleur de lui-même, tout en prenant du plaisir au travail, on rentre dans une relation gagnante pour le salarié, l'entreprise, mais aussi ses actionnaires.

© Groupe Eyrolles

CHAPITRE 3

Le but

Un but riche de sens mobilise les énergies

Faire sens

D'une manière générale, lorsque le but est riche de sens, il permet de mobiliser de l'énergie dans des conditions optimales. La fameuse histoire des casseurs de pierres attribuée à Charles Péguy en donne une bonne illustration.

Au Moyen Âge, un passant sur le chantier en construction d'une cathédrale interroge un premier casseur de pierres sur ce qu'il fait. Celui-ci a la mine sombre, et lui assène d'un ton amer : « *Vous voyez bien, je casse des pierres ! J'ai mal au dos, j'ai soif, j'ai faim. Mais je n'ai trouvé que ce travail pénible et stupide.* »

À la même interrogation, un deuxième casseur de pierres, au visage plus serein et aux gestes plus harmonieux, lui répond : « *Je suis casseur de pierres. C'est un travail dur, vous savez, mais il me permet de nourrir ma femme et mes enfants.* »

© Groupe Eyrolles

> Un troisième casseur de pierres qui abat sa masse avec ardeur, interrogé lui aussi par notre passant, lui fait la réponse suivante avec un franc sourire : « *Moi, je bâtis une cathédrale !* »

Daniel H. Pink donne le ton. Ce spécialiste reconnu des questions de travail, apporte un nouvel éclairage sur ce qu'il dénomme le « *purpose* » qui montre clairement que les personnes qui tendent vers un objectif qui, en partie, les passionne sont les plus performantes. Le célèbre psychologue américain Mihaly Csikszentmihalyi insiste également en ce sens et explique dans une interview que le but « *fournit de l'énergie pour la vie* » ! Gary Hamel[1], va encore plus loin lorsqu'il explique que la finalité intervient comme « *un catalyseur émotionnel* » et que « *l'optimisation de la richesse n'a pas le pouvoir de mobiliser pleinement les énergies humaines* ».

La vie de tous les jours et le bon sens mettent parfaitement en exergue que plus le but est imprégné de sens, plus il est source d'enthousiasme et de réussite et ce, quel que soit le domaine.

Les adultes tentent d'ailleurs spontanément d'associer du sens à l'effort nécessaire à la réussite des études d'un enfant lorsqu'ils l'interrogent sur ce qu'il voudra faire quand il sera grand. Et lorsque la quête de sens est liée à l'intérêt général, ne parle-t-on pas de vocation pour évoquer un engagement exceptionnel ? L'intérêt général constitue d'ailleurs un recours bien connu dans le domaine de la jeunesse, pour aider des adolescents en situation difficile à s'en sortir après avoir pris conscience de leur utilité vis-à-vis d'une belle cause.

1. Président-fondateur de Strategos, cabinet international de conseil en stratégie basé à Chicago, professeur invité de la Harvard Business School et de la London Business School.

© Groupe Eyrolles

La quête de sens de la génération Y

Dans le domaine de l'entreprise, cette idée que le sens constitue un puissant moteur n'a pas toujours eu cours et pourtant, de nombreux travaux récents montrent désormais que le sens insufflé à l'activité est prépondérant.

Le sens constitue une aspiration nouvelle des générations qui vont prendre les commandes des entreprises, ce qui conduit ces dernières à amorcer une évolution notable dans ce qui peut aujourd'hui être couvert par le concept de responsabilité sociale de l'entreprise.

Ces tendances sont relevées en France dans une enquête BVA réalisée auprès d'étudiants fréquentant des grandes écoles ou universités françaises. Les travaux de Sylvia Ann Hewlett apportent des données qui méritent l'attention. Cette économiste américaine a constaté que les générations baby-boomer et Y attendent des récompenses d'une autre nature que simplement financière. La qualité des relations au sein de l'équipe et l'influence de leur travail sur la société sont pour eux des leviers considérés comme essentiels.

Repères

- « Grande » génération : personnes nées avant 1930.
- Génération silencieuse : personnes nées entre 1930 et 1950.
- Génération baby-boomers : personnes nées entre 1950 et 1965.
- Génération X : personnes nées entre 1965 et 1978.
- Génération Y : personnes nées entre 1979 et 2000.

© Groupe Eyrolles

Blake Mycoskie, le fondateur de Tom Shoes, une société américaine de chaussures, est un chef d'entreprise américain typique de la génération Y. Lorsque son entreprise vend une paire de chaussures, elle en offre une paire à un enfant vivant dans un pays en voie de développement. Ainsi, les salariés et les clients deviennent les partenaires d'une action d'intérêt général.

Le serment imaginé en 2009, par des étudiants de Harvard, est aussi symbolique. Prenant conscience des difficultés dues à la crise financière, des étudiants de Harvard ont rédigé un serment, « The MBA Oath », appelant à une nouvelle éthique du comportement dans le monde des affaires. La reproduction de ce serment ainsi que le fait qu'il émerge dans l'une des plus prestigieuses universités formant l'élite américaine donne une idée de l'ampleur du phénomène. En quelques semaines, un quart des diplômés avait prêté serment et signé cet engagement.

Le serment MBA

En tant que dirigeant d'entreprise j'ai conscience de mon rôle dans la société.

Mon but est de conduire des personnes et de gérer les ressources pour créer de la valeur qu'aucune personne ne peut créer seule.

Mes décisions influent sur le bien-être des individus autant à l'intérieur qu'à l'extérieur de mon entreprise, autant aujourd'hui que demain.

Par conséquent, je vous promets que :

- Je vais gérer mon entreprise avec loyauté et diligence, et ne privilégierai pas mes intérêts personnels au détriment de ceux de mon entreprise ou de la société.

© Groupe Eyrolles

- Je vais respecter, dans la lettre et l'esprit, les lois et les contrats régissant ma conduite et celle de mon entreprise.
- Je m'abstiendrai de toute corruption, de la concurrence déloyale ou de pratiques commerciales nuisibles à la société.
- Je vais protéger les Droits de l'homme et la dignité de toutes les personnes concernées par mon entreprise et vais lutter contre la discrimination et l'exploitation.
- Je vais protéger le droit des générations futures à faire progresser leur niveau de vie et profiter d'une planète saine.
- J'analyserai le rapport du rendement et des risques de mon entreprise avec précision et honnêteté.
- Je vais investir dans le développement de moi-même et des autres, aider la profession de gestionnaire à continuer de progresser et à créer de la prospérité durable et solidaire.

Dans l'exercice de mes fonctions professionnelles conformément à ces principes, je reconnais que mon comportement doit donner l'exemple d'intégrité, susciter la confiance et l'estime de ceux que je sers.

Je continue de rendre compte à mes pairs et à la société de mes actes et m'engage à faire respecter ces normes.

Je fais ce serment librement et sur mon honneur.

Toutes ces analyses concordantes présentent l'intérêt de recouper les aspirations actuelles de parties entières de la population dont celle appelée à diriger les entreprises de demain.

© Groupe Eyrolles

Le sens est source de santé et de bonheur

Donner et percevoir du sens dans les activités que l'on accomplit et les missions qui nous sont confiées n'a pas seulement pour effet de mobiliser les énergies, cet investissement managérial est également bénéfique pour la santé.

De nombreuses études sont là pour en attester, qu'elles portent sur des situations de détresse ou qu'elles s'attardent sur l'utilité de l'intérêt général pour endiguer les phénomènes de stress.

Trouver du sens à sa vie même en situation de détresse

S'agissant des situations délicates, le professeur Jean-Jacques Breton, psychiatre canadien, explique que tout comme il existe des facteurs de risque en termes de suicide, il existe des « facteurs de protection » contre le stress. Il précise que si « *on favorise ces facteurs de protection, les gens peuvent améliorer leurs capacités à faire face aux événements stressants* ». Et parmi les facteurs de protection avancés, il y a la présence d'objectifs dans la vie et… le sens que tout un chacun donne à sa vie !

Une étude, menée par le docteur Pierre Gagnon, psychiatre en oncologie à l'Hôtel-Dieu de Québec, montre que si l'on diminue le niveau de stress de patients atteints d'un cancer, on améliore leur qualité de vie. L'approche du docteur Gagnon pour diminuer le niveau de stress s'appuie

© Groupe Eyrolles

sur les travaux d'un psychiatre ayant survécu aux camps de concentration, le docteur VIKTOR FRANKL[1]. Selon ce médecin, on survit dès lors que l'on peut donner un sens à sa vie et selon lui, il est possible de trouver un sens à sa vie même dans un camp de concentration. Aujourd'hui, le docteur GAGNON aide des patients atteints de cancer à en faire autant. Et les premiers résultats sont encourageants : « *On a déjà des indications que la détresse psychologique diminue et que la qualité de la vie augmente.* »

Les travaux d'ALICE MILLER[2], décrivent ce qui se produit, lorsque, à l'inverse, une personne n'a plus de désir et n'est donc plus susceptible de donner de sens à sa vie. Dans son ouvrage *Le drame de l'enfant doué* (1983), elle montre comment un enfant trop soumis aux désirs de ses parents par crainte de perdre leur amour peut sombrer dans l'angoisse et l'ennui car il n'est plus conscient de son vrai désir. Or, c'est le vrai désir qui donne du sens à ses actions et qui est source de motivation.

1. VIKTOR FRANKL (1905-1997) était un professeur de neurologie et de psychiatrie à la faculté de médecine de Vienne. À son retour des camps de concentration, où sa famille fut exterminée, il fonde une nouvelle approche thérapeutique : la logothérapie. Celle-ci met l'accent sur le besoin de « sens » et la dimension spirituelle de la personne.

2. ALICE MILLER (1923-2010) était docteur en philosophie, psychologie et sociologie ainsi que chercheuse sur l'enfance.

© Groupe Eyrolles

Quand l'intérêt général est pourvoyeur de sens

L'intérêt général, fort pourvoyeur de sens s'il en est, joue un rôle très positif dans la diminution du stress.

Hans Selye, cet endocrinologue autrichien qui a le premier décrit le stress chez l'être vivant, notait, dès l'origine de ses travaux, les bienfaits de l'intérêt général sur le stress en parlant « d'altruisme égoïste ».

En résumé, sans entrer dans le détail de la description des mécanismes d'action qui interfèrent au plan hormonal, il faut retenir que si l'on s'engage en faveur du bien commun, on en retire un bénéfice pour sa santé.

Dans un registre analogue d'analyse de situations où des personnes sont tournées vers les autres, les travaux du professeur suédois de cancérologie Stefan Einhorn mettent en évidence l'impact extrêmement positif de la gentillesse sur la santé. Son ouvrage *L'art d'être bon* (2008) constitue un véritable plaidoyer en ce sens.

Au total, la corrélation de ces quelques exemples établit nettement que lorsque le but de l'entreprise associe intérêt financier et quête de sens, la motivation des salariés est plus forte et, en outre, ceux-ci risquent moins de connaître les excès du stress.

Développer des stratégies de responsabilité sociale au sein des entreprises

La tendance actuelle à développer des stratégies de responsabilité sociale représente un atout indéniable pour appuyer la mise en avant du sens dans les activités des entreprises.

© Groupe Eyrolles

Et, il est vrai que l'on peut emprunter différents chemins, des plus communément répandus aux plus originaux, pour donner du sens à son travail.

Le mécénat et, en particulier le mécénat des compétences, en constitue certainement l'un des outils les plus subtils.

> **Mécénat des compétences**
>
> Mise à disposition de personnel, par une entreprise mécène, qui prend le plus souvent la forme d'un prêt de main-d'œuvre.

Les pratiques de tutorat qui connaissent un nouvel engouement dans le cadre des formations en alternance et dans lequel des seniors proches de la retraite, qui ont aussi un rôle de transmission, en fournissent un autre exemple. De fait, de très nombreuses entreprises illustrent et concrétisent le sens qu'elles cherchent à insuffler à leurs activités. Mais trop souvent, les entreprises ne vont pas au bout de la logique. Elles ont tendance à cantonner ces questions à la périphérie de leurs activités et ne les relient qu'exceptionnellement à leurs enjeux managériaux. Or, extraire toute la substance d'une telle démarche suppose un traitement rationalisé et systématisé, nécessite de le traduire en processus et de l'intégrer à une politique de ressources humaines ou de communication interne par exemple.

Il y a ici une source d'innovation et des voies de progrès très importantes pour les entreprises qui souhaitent ou ont besoin de trouver de nouveaux ressorts de performance.

© Groupe Eyrolles

En pratique

À l'échelle de l'entreprise

- Déployer une stratégie porteuse de sens et la rendre visuelle à l'ensemble des salariés et partenaires.
- Incarner ce sens dans des actions concrètes et vérifiables au niveau des composantes de l'entreprise : processus, technologies, ressources humaines.

À l'échelle du salarié

- Mettre en adéquation le but proposé et les aspirations profondes du collaborateur.
- Encourager son implication dans des projets d'intérêt général.
- Développer le mécénat de compétences et le tutorat.

© Groupe Eyrolles

Le but
vu par
Martin Richer

Directeur général de Secafi (groupe Alpha)

Le but comme vecteur de performance et de santé au travail

Est-ce une maladie honteuse ? Les entreprises et les organisations sont confrontées à un problème majeur : le désengagement de leurs salariés. La plupart n'en parlent pas. Elles savent qu'il n'y a pas de vaccin sur les étagères. Ce problème est plus dévastateur que la crise financière de 2008 ; il vient de plus loin ; ses racines sont plus profondes. Ce problème, c'est celui de la crise du sens.

Secafi est un cabinet de conseil atypique. Fort de 650 salariés, nous conseillons les comités d'entreprise et les comités d'hygiène, de sécurité et des conditions de travail (CHSCT)

© Groupe Eyrolles

pour les aider à jouer leur rôle en tant que force de proposition dans leur entreprise et au sein de leurs organisations. À ce titre, nous effectuons 3 000 missions chaque année, dans plus de 2 000 entreprises, grandes et petites, dans tous les secteurs d'activité. Cela nous donne une vue panoramique sur les problématiques économiques et sociales d'aujourd'hui : l'impact dévastateur de la crise, les restructurations, la montée des risques psychosociaux... mais aussi les bonnes pratiques inventées par des entreprises qui ont su, mieux que d'autres, trouver les voies d'une performance durable.

Je suis frappé par ce que nous disent les expériences de ces entreprises : la capacité à travailler collectivement sur la finalité et le sens est un facteur clé de succès pour la sortie de crise. Or affronter cette crise du sens n'est pas chose aisée : cela suppose d'ouvrir trois chantiers de progrès.

1 - Réintroduire le temps et les parties prenantes dans la performance

Donner du sens, c'est d'abord engager une réflexion collective sur l'utilité sociale de l'entreprise, sur la place que veulent y prendre les individus qui y travaillent, sur les enjeux affrontés, sur les objectifs qu'il convient de s'assigner. Oui mais... cette utilité, ces enjeux, ces objectifs : pour qui ? Si l'entreprise ne travaille que pour une seule de ses parties prenantes – l'actionnaire – comment espérer créer de l'engagement, de la motivation ? Il faut donc travailler sur l'identification des parties prenantes, c'est-à-dire les « porteurs d'enjeux » (traduction littérale du terme anglo-saxon de *stakeholder)*. Les objectifs de performance peuvent alors

© Groupe Eyrolles

être construits en fonction de l'équilibre des attentes et des motivations de ces parties prenantes : actionnaires, clients ou usagers, sous-traitants, société civile, etc.

Cet élargissement permet aussi de favoriser les engagements sociétaux des salariés (par exemple dans l'associatif, l'humanitaire) en augmentant l'investissement temps du collaborateur par une contribution de l'entreprise sur le temps de travail. Ces actions ne doivent être ni dissimulées ni récupérées : il faut trouver le juste milieu pour faire connaître, inciter, rechercher les cohérences avec la stratégie de l'entreprise, ses engagements (ex. : responsabilité sociétale de l'entreprise), et sa politique de ressources humaines.

De même, la performance durable (ou « soutenable ») ne peut se comprendre sans la durée. Les objectifs trop décalés de la croissance réelle de l'économie et sanctionnés sur une période trop courte, par exemple les exigences rituelles de rentabilité à 15 %, ne peuvent que créer de la souffrance : destructions d'emplois, faillites des sous-traitants, dommages créés sur l'environnement, dégradation des conditions de travail, stress.

2 - Donner sa place à l'adhésion dans la conduite du changement

Toutes les études le montrent : malgré cinq décennies de recherches et d'expériences sur la conduite du changement, deux projets de transformation sur trois échouent. Pourquoi un tel taux d'échec ? Parce que les dirigeants ne prennent plus le temps et l'énergie nécessaires à mettre le changement en débat avant de le déployer. Parce qu'ils se sont progressivement éloignés des réalités de terrain (lorsqu'un

© Groupe Eyrolles

patron du CAC 40 gagne en moyenne 554 années de Smic, peut-il appréhender le jeu de contraintes, le quotidien des ouvriers qui travaillent dans son entreprise ?). Parce qu'ils ne cherchent ni l'adhésion ni même la discussion.

Donner du sens, c'est redonner aux salariés des espaces de discussion sur la qualité de leur travail, du pouvoir d'agir, c'est-à-dire la capacité de mettre en controverse leur environnement de travail et d'être partie prenante dans son évolution.

3 - Reconstruire le management et le dialogue social

On pourra s'étonner de trouver cet accolement entre management et dialogue social. Et pourtant, il s'agit bien des deux modes privilégiés de régulation sociale, pour reprendre le terme utilisé par l'Agence nationale pour l'amélioration des conditions de travail (ANACT)[1]. Comment espérer que le projet stratégique, l'utilité sociale de l'entreprise, les valeurs qu'elle veut promouvoir soient adoptées par les salariés si elles ne sont pas portées par le management ? Or, disons-le au risque de choquer : le management de proximité (ou management « intermédiaire », comme on le dit très justement) a été éradiqué dans bon nombre d'entreprises. Au point où une enquête[2] publiée début 2011 montre que les managers de proximité ne consacrent que 10 % de leur temps à l'accompagnement de leurs équipes, soit 90 minutes par collaborateur et par mois. La confrontation et la fabrication du projet d'entreprise, la transformation des priorités

1. Voir Henri Rouilleault et Thierry Rochefort, « Changer le travail, oui mais ensemble », ANACT, octobre 2005.

2. Syntec Conseil en management, 6 janvier 2011.

© Groupe Eyrolles

stratégiques en objectifs collectifs et individuels assortis des moyens appropriés, cette médiation du sens, de la finalité est passée aux oubliettes ! Le rapport LACHMANN-PÉNICAUD-LAROSE[1], remis en février 2010, avait pourtant dit l'essentiel : la santé des salariés est d'abord l'affaire des managers, elle ne s'externalise pas.

De la même façon, le sens ne peut s'incarner que s'il est mis en débat. Or combien de chefs d'entreprise sont-ils prêts à s'engager dans un dialogue social authentique, compris comme une discipline utile, une opportunité d'enrichir leurs projets, un espace de négociation et enfin comme un levier de conduite du changement ? Le dialogue social en France reste très théâtralisé, très formel et très éloigné de la négociation sociale. Or, sans confrontation, le sens reste confiné à l'incantation. C'est dommage car là encore, les dirigeants qui considèrent les représentants du personnel comme de vrais interlocuteurs marquent des points dans leur capacité à incarner leur vision et à la partager au sein de l'entreprise.

Ces trois chantiers de progrès vous permettront de dépasser cette crise du sens. Ils forment le creuset d'une nouvelle finalité : l'ambition partagée, qui repose sur la cohérence des politiques et la cohésion des équipes. La finalité, c'est la barre fixe du danseur, le point d'appui qui permet d'ancrer les mouvements.

1. Rapport « Bien-être et efficacité au travail », rédigé par MURIEL PÉNICAUD, directrice générale en charge des ressources humaines de Danone, HENRI LACHMANN, président du conseil de surveillance de Schneider Electric, et CHRISTIAN LAROSE, vice-président du Conseil économique, social et environnemental.

© Groupe Eyrolles

CHAPITRE 4

L'optimisme

L'optimisme est à la fois source de performance et de bien-être.

UNE VISION OPTIMISTE ENCOURAGE L'ACTION

« L'optimisme est de volonté »

Développer une vision globalement optimiste ne consiste pas à dire que tout va bien lors des pires moments. En revanche, il s'agit de faire l'effort de présenter une vision globalement optimiste. Il est logique de parler d'effort car il ne s'agit généralement pas d'une attitude naturelle. On a spontanément tendance à voir les choses de manière pessimiste, ce qui fait écho à la formule du philosophe ALAIN : « *Le pessimisme est d'humeur, l'optimisme de volonté.* » JACQUELINE DE ROMILLY, lors d'un entretien, apportait une double justification au choix d'être optimiste : « *On a un devoir d'optimisme notamment vis-à-vis des générations à venir* », et elle ajoutait,

© Groupe Eyrolles

« *l'optimisme, c'est ce qui permet de transformer les soucis en défis, les soucis nus accablent alors que les défis ne demandent qu'à être relevés* ».

L'optimisme entre en résonance avec la capacité à agir

Les exemples ne manquent pas pour illustrer que l'optimisme entre en résonance avec la capacité à agir.

En médecine tout d'abord, quel médecin, au cours de sa carrière, n'a-t-il pas régulièrement constaté la force de l'optimisme ? Il aide à croire en l'impossible et parfois, à force d'initiatives, ce qui semble hors de portée se réalise…

En politique ensuite, lorsque le 21 mai 1961, John Fitzgerald Kennedy déclare « *nous enverrons un homme sur la Lune* », les États-Unis ne disposaient pas des technologies nécessaires et cependant, un peu plus de huit ans plus tard, le 21 juillet 1969, Neil Armstrong et Buzz Aldrin marchaient sur la Lune.

De façon générale enfin, la personne optimiste dispose d'un certain degré de confiance en sa capacité à agir, à trouver des leviers et des solutions face à une situation. Elle agit de manière active pour résoudre les difficultés rencontrées et augmente ainsi ses chances d'obtenir le résultat escompté. La phrase de Sénèque « *Ce n'est pas parce que les choses sont difficiles que nous n'osons pas, c'est parce que nous n'osons pas que c'est difficile* » donne une idée claire de cette attitude.

A contrario, un individu pessimiste ressent un sentiment d'impuissance, et adopte plus facilement une approche plus passive et résignée face au problème.

© Groupe Eyrolles

Et lorsque la projection est plus négative, il réduit ou cesse ses efforts. Il en résultera alors une sensation d'échec qui ne fera que conforter la personne dans ses convictions pessimistes. En outre, à un certain niveau de pessimisme, le niveau de challenge ne sera jamais celui qui convient.

WINSTON CHURCHILL synthétise parfaitement la situation : « *Un pessimiste voit la difficulté dans chaque opportunité, un optimiste voit l'opportunité dans chaque difficulté.* »

L'optimisme conduit à la performance

Mieux vaut être optimiste pour être performant ! Différentes études indiquent que les individus optimistes ont généralement plus de chances de réussir professionnellement, notamment dans les métiers où la personne est souvent confrontée à des situations d'échec. Il va sans dire que la réciproque est vraie. En effet, le succès ou les échecs d'un individu influencent son niveau d'optimisme ou de pessimisme. Néanmoins, de multiples recherches établissent qu'une prédisposition, par exemple, au pessimisme conduit à plus d'échecs. Et ces échecs pourront, à leur tour, causer une augmentation du niveau de pessimisme.

Une recherche a ainsi été menée en 1986 par MARTIN SELIGMAN[1], futur président de l'Association américaine de psychologie. Cette étude portait sur les vendeurs de police

1. MARTIN SELIGMAN est professeur de psychologie à l'université de Pennsylvanie. Sa théorie dite de « l'impuissance acquise » est largement reconnue par la communauté scientifique. Souvent cité comme l'un des psychologues les plus éminents du XXe siècle, il sera, en 1998, élu à la présidence de l'American Psychological Association.

© Groupe Eyrolles

d'assurance de la Metropolitan Life Insurance Company. Dans un premier temps, les chercheurs ont évalué à l'aide d'un questionnaire spécifique le degré d'optimisme des commerciaux. Puis ils ont mesuré, en prenant soin de neutraliser les biais possibles, les performances de ceux-ci. Il apparaît que les vendeurs optimistes vendaient, en moyenne, 37 % de plus que les pessimistes. Par ailleurs, ceux présents dans le top 10 du degré d'optimisme vendaient 88 % de plus que ceux situés dans le top 10 du degré de pessimisme. Notons aussi que les vendeurs optimistes apparaissent plus satisfaits de leur travail et démissionnent deux fois moins[1].

Cette réussite professionnelle des personnes optimistes, se traduit également sur le plan intellectuel. Une étude[2] conduite auprès d'étudiants a montré l'influence favorable de l'optimisme sur leurs performances académiques. Les mêmes conclusions ont été tirées s'agissant des étudiants entrant à l'académie de West Point, l'école d'entraînement américaine. Les étudiants qui achevaient leurs cursus avaient tendance à être parmi les plus optimistes. Ceux qui abandonnaient étaient les plus pessimistes.

Mais si l'optimisme est de volonté, s'il conduit plus fréquemment à la performance, il ne se décrète pas pour autant. Il se développe en différentes occasions et selon des techniques que l'on peut tenter de mettre en œuvre.

1. Seligman, M. and Schulman, P., « Explanatory style as a predictor of productivity and quitting among life insurance agents », *Journal of Personality and Social Psychology*, 1986, vol. 50, p.832-838.

2. Robbins, A. S., Spence, J. T. and Clark, H., « Psychological Determinants of Health and Performance: The Tangled Web of Desirable and Undesirable Characteristics », *Journal of Personality and Social Psychology*, 1991, vol. 61 (5), p. 755-765.

© Groupe Eyrolles

La gratitude favorise l'optimisme

Exprimer de la gratitude

La gratitude peut se définir comme un sentiment de reconnaissance envers une personne qui nous a, par exemple, rendu service. Et un moyen efficace pour augmenter son optimisme est de cultiver sa gratitude.

La chercheuse française Rébecca Shankland résume le phénomène[1], en montrant que les individus faisant régulièrement preuve de reconnaissance sont « *plus heureux, plus énergiques, plus optimistes...* ». Elle donne en outre une explication qui tient en trois éléments :

- une meilleure mémorisation des événements positifs liée au fait que plus on focalise la pensée sur les événements les plus positifs, plus on renforce leur intensité et leur mémorisation ;
- une amélioration de notre estime personnelle et de notre sociabilité qui résulte de la prise de conscience des attentions bienveillantes à notre égard dont l'effet est d'améliorer naturellement notre estime de soi et notre humeur. Et le fait de se sentir considéré et remercié pousse à aller vers les autres ;
- une plus grande capacité à faire face aux difficultés ! Certaines recherches[2], conduites auprès de sujets ayant

1. Shankland, R., « Psychologie de la gratitude » in J. Lecomte, *Introduction à la psychologie positive*, 2009, Dunod.

2. Fredrickson B. L., Tugade, M. M., Waugh, C. E., and Larkin, G., « What good are positive emotions in crises? A prospective study of resilience and emotions following the terrorist attacks on the United States on September 11th, 2001 », *Journal of Personality and Social Psychology*, 2003.

© Groupe Eyrolles

vécu les événements du 11 septembre 2001, montrent que ceux qui éprouvent régulièrement de la gratitude savent mieux faire face aux événements angoissants et/ou traumatisants. En effet, les émotions positives qui sont liées au sentiment de reconnaissance améliorent notre adaptation aux situations difficiles.

Le chercheur Robert Emmons, reconnu comme spécialiste de la question, résume fort bien tout l'intérêt de la gratitude lorsqu'il explique que celle-ci « *aide une personne à diriger son attention vers les choses heureuses de sa vie et à la détourner de ce qui lui manque*[1] ».

Au regard de ces travaux qui montrent l'impact de la gratitude sur l'optimisme, il devient, sur un plan plus opérationnel, éminemment intéressant de voir comment cultiver la gratitude. Quelques techniques simples et éprouvées peuvent être utilement sollicitées.

Cultiver la gratitude

Tenir un journal de gratitude

Cette pratique, considérée comme l'une des plus efficaces, consiste à consigner par écrit les événements de la journée suscitant un sentiment de gratitude. Attention, penser simplement à ces situations ne suffit pas. Tout l'intérêt de la méthode réside dans la mise en mots, de la pensée. En effet, écrire permet de rendre plus concrets les bienfaits dans notre esprit et ainsi de mieux s'en imprégner. En revanche, si une pratique quotidienne est trop contraignante – plutôt

1. Emmons, R., *Merci ! Quand la gratitude change nos vies*, Pocket, 2010.

© Groupe Eyrolles

qu'abandonner – un autre rythme peut être librement choisi. On pourra par exemple s'astreindre à l'exercice hebdomadaire de lister cinq éléments positifs.

Pour les plus pessimistes, les débuts peuvent être décourageants. Il n'est pas toujours facile de mettre à jour quotidiennement plusieurs sources de reconnaissance. En revanche, il faut retenir que la formule présentée, si elle n'est pas miraculeuse, fonctionne parfaitement avec un minimum de persévérance. Plus on prend conscience des événements positifs et plus il devient facile de les repérer !

Se poser trois questions

Ce questionnement peut aider à la rédaction du journal de gratitude. Il résulte d'une méthode d'introspection, appelée *naïkan*, étudiée scientifiquement, depuis les années 1970. Elle invite à s'interroger sur trois points :

- Qu'ai-je reçu des autres ?
- Qu'ai-je offert aux autres ?
- Quels ennuis et difficultés ai-je causés ?

La première question permet de découvrir tous les bienfaits reçus. La deuxième aide à réfléchir aux moyens employés pour exprimer sa gratitude envers les autres, ce qui peut constituer une bonne occasion de découvrir de nouvelles manières d'exprimer sa gratitude !

La troisième question invite à se mettre à la place de l'autre.

Se servir de mémos visuels

Les deux principaux obstacles à la manifestation de la gratitude sont l'inattention et l'oubli. Il convient donc d'imaginer

© Groupe Eyrolles

de petits procédés simples permettant de pallier ces tendances naturelles. Un Post-it peut très bien faire l'affaire. Il permet au manager, de manière simple, de témoigner sa gratitude à l'égard d'un collaborateur pour son implication ou sa contribution à un dossier. Très souvent, ce dernier le conservera et, à chaque fois qu'il le verra, se remémorera l'attention qui lui a été témoignée et fera ainsi perdurer les émotions positives.

L'optimisme préserve du stress

Prosaïquement, outre le fait que l'optimisme puisse se cultiver et contribue activement à la performance, il constitue concomitamment un levier intéressant à activer pour se préserver du stress.

Dans leur ouvrage, *Le Stress permanent* (2003), les docteurs Pierre Lôo, Henri Lôo et Alexandre Galinowski sont très explicites : « *La personnalité optimiste intervient comme appoint correcteur du stress.* » On sait par ailleurs que l'optimisme favorise le bien-être psychologique et physique[1]. Les personnes qui sont plus optimistes envers la vie sont moins prédisposées à la dépression et à la solitude. Une récente étude[2] publiée dans *BioMed Central Journal* montre que le risque de développer un cancer du sein diminue chez les

1. Lai, J., « Relative predictive power of the optimism versus the pessimism index of a Chinese version of the Life Orientation », *Test. Psychological Record*, 1997, vol.47, p. 399–410.

2. Étude rapportée par la *BBC News*, le 22 août 2008.

© Groupe Eyrolles

personnes optimistes. Le docteur Ronit Peled, de l'université Ben-Gourion, qui a dirigé cette étude, indique que les femmes qui avaient été exposées à un certain nombre d'événements traumatisants doivent être considérées comme « à risque » par rapport au cancer du sein. En revanche, selon ce chercheur, « *un sentiment général d'optimisme et de bonheur peut jouer un rôle de protection* ».

Globalement, l'optimisme est bon pour la santé !

En pratique

Faire du comportement optimiste une nouvelle attitude de vie :

- développer l'optimisme dans toute relation professionnelle et privée ;
- développer des attitudes résolument positives face aux situations quelles qu'elles soient.

Cultiver la gratitude, source d'optimisme :

- tenir un journal de gratitude ;
- se poser les trois questions : qu'ai-je reçu ? Qu'ai-je offert ? Qu'ai-je causé ?
- se servir de mémos visuels.

© Groupe Eyrolles

L'optimisme
vu par
Charles-Benoît Heidsieck

Président de l'association Le Rameau

L'optimisme va changer le monde !

Face aux défis de transformation auxquels l'humanité est confrontée, le XXIe siècle sera plus solidaire et durable… ou ne sera pas ! Comment devant une telle alternative ne pas être profondément optimiste ? Qui peut décemment croire que nous serons suffisamment inconscients pour nous autodétruire ? Certes, les historiens nous rappelleront que les Vikings et les habitants de l'île de Pâques nous ont montré que l'Homme est parfois incapable de prendre en compte l'évolution de son environnement économique, social et environnemental ; mais au XXIe siècle, il est raisonnable de penser que nous saurons trouver les solutions.

D'ailleurs avons-nous le choix ? Devant l'ampleur des

enjeux, l'alternative est simple : soit baisser les bras et laisser place à un pessimisme destructeur, soit accepter de se confronter à la complexité et relever le challenge d'inventer de nouveaux modèles. ARCHIBALD-JOSEPH CRONIN écrivait « *L'enfer, c'est d'avoir perdu l'espoir* ». Nous n'avons pas le choix, il nous faut être profondément optimiste pour pérenniser l'humanité !

Alors, pourquoi n'est-ce pas la tendance actuelle ? Deux récentes études nous alertent sur le défaitisme national. Selon un sondage BVA (01/2011), les Français sont champions du monde du pessimisme en 2011 : 61 % d'entre eux pensent que cette année sera synonyme de difficultés économiques, contre 28 % en moyenne dans le monde, et ils sont 37 % à craindre que leur situation se dégrade. Pire encore, selon l'étude TNS (09/2010) pour le Mouvement des entrepreneurs sociaux (MOUVES), non seulement 19,3 % de nos concitoyens se sentent en situation de fragilité sociale, mais surtout, ils sont 80 % à avoir le sentiment d'être en incapacité de faire bouger les choses dans la société.

Comment expliquer ce phénomène ? Nous sommes dans l'un des pays les plus enviés au monde ; notre histoire nous éclaire sur notre capacité à faire émerger des solutions pour une plus grande équité ; la vitalité de nos territoires est remarquable. Alors pourquoi douter de notre capacité à dépasser les difficultés ? Ne voyons-nous pas que le dynamisme est présent partout ? De l'initiative citoyenne des associations à l'esprit d'entreprendre des entreprises, en passant par la conviction forte de la mission de bien commun de nos pouvoirs publics, les preuves sont nombreuses. Certes, tous ces acteurs ont de larges zones d'amélioration, et nul n'est

© Groupe Eyrolles

parfait. Mais alors ? Devons-nous voir systématiquement le verre à moitié vide ou devons-nous co-construire ensemble à partir du verre à moitié plein ? La première hypothèse me désespère et la seconde m'enthousiasme !

Mais n'est-ce qu'un doux rêve ? Une illusion pour se rassurer ? Regardons autour de nous. L'esprit d'entreprendre nous entoure. Ce qui le caractérise est la faculté à croire que « c'est possible » et à oser. Tous les entrepreneurs que j'ai rencontrés, qu'ils soient dirigeants d'entreprise ou présidents d'association, partagent la même volonté de rompre avec la fatalité et de relever les défis pour atteindre les objectifs qu'ils se sont fixés. Moi-même, lors de la création de l'association Le Rameau, dont la vocation est de renforcer les relations entre associations et entreprises en France, j'ai été confronté au « bienveillant scepticisme » de nombreuses personnes à qui je présentais le projet. Après cinq ans, je constate que les personnalités qui m'ont encouragé sont toutes des entrepreneurs et des visionnaires. Chacun d'entre eux avait eu l'expérience de devoir faire face à l'incrédulité pour réussir leur challenge personnel. Qu'est-ce qui les différencie des autres ? Pas grand-chose… mais certainement l'optimisme !

Mon retour d'expérience personnel est l'enthousiasme et la passion que l'optimisme engendre. Oser l'impossible est un puissant antidépresseur ! Dans ce monde où la prise de risque est considérée comme une hérésie, où la volonté de changer les choses est regardée avec mi-jalousie/mi-amusement, où la différence est considérée plus comme une obligation légale que comme une chance, comment ne pas vouloir rompre avec ce qui fait qu'inexorablement nous

© Groupe Eyrolles

soyons incités au pessimisme ? Soyons fous, mais des fous heureux, plutôt que de raisonnables défaitistes !

Il ne manque pas grand-chose pour passer du fatalisme ambiant à l'optimisme débordant : ambition, audace et altérité ! L'ambition de construire une humanité plus solidaire et durable, l'audace de relever les défis de la complexité et de l'inertie, et l'altérité de découvrir la richesse de l'autre dans sa différence. C'est sans doute sur ce dernier point que les progrès sont les plus à faire.

Mais après l'expression de ces convictions, vous souhaitez sans doute des preuves pour les ancrer dans la réalité d'une humanité en marche ? Je ne peux alors parler que de ma propre expérience. Selon l'étude ARPEA-Citoyens de l'Observatoire national des partenariats associations-entreprises (OpinionWay – 2009), 89 % de nos concitoyens pensent qu'il est urgent que les associations et les entreprises travaillent ensemble pour résoudre les problèmes de société. Devant le contexte historique compliqué entre ces deux mondes pourtant riches de leurs différences, ils ne sont que 58 % à croire que c'est possible (le scepticisme a encore frappé !). Pourtant, je peux témoigner combien, depuis cinq ans, des mouvements de fond s'accentuent progressivement pour favoriser la co-construction du bien commun. Fort est de constater une véritable prise de conscience qu'aucune structure ne peut changer seule le monde, mais qu'une alliance entre acteurs complémentaires permet de faire émerger des solutions nouvelles propres à résoudre les défis les plus complexes. Réjouissons-nous, le monde change plus vite que nous le croyons.

© Groupe Eyrolles

Il ne s'agit pas de croire que tous partagent les mêmes objectifs, ce qui serait naïf, mais de constater que les différences, voire les divergences, peuvent être sources de créativité. Les confronter positivement permet alors de faire émerger des solutions nouvelles. Nous touchons là l'un des bénéfices de l'optimisme. Il permet d'oser ce que les autres n'osent pas. Cette prise de risque permet de se dépasser et d'inventer ce que tous pensaient impossible. Combien de découvertes majeures l'ont été par des passionnés résolus à démontrer la véracité de leurs hypothèses ? Oui, sans nul doute, l'optimisme est à la source de l'innovation.

Regardons le monde avec les yeux de nos enfants qui pensent pouvoir le changer, et non pas avec ceux fatigués de nos lamentations régulières. Regardons les signaux faibles qui devraient nous enthousiasmer plutôt que de nous inquiéter. N'ayons pas peur ! Certes, les défis sont grands ; certes, ils sont de plus en plus complexes ; certes, travailler en partenariat pour les résoudre n'est pas une évidence ; certes, chacun a le droit d'être fatigué par les épreuves et prendre un peu de temps pour les affronter, mais croyons-le fermement… l'optimisme va changer le monde !

© Groupe Eyrolles

CHAPITRE 5

La justesse et le sentiment de justice

Comprendre la perception de justesse selon les individus et les situations

Le sentiment de justice et d'injustice est inhérent à la nature humaine

Le besoin de justesse est très important chez l'être humain. Il s'exprime très tôt et l'accompagne tout au long de sa vie.

Chez l'enfant – qui ne l'a jamais vu décamper et entendu s'écrier « *Ce n'est pas juste!* » –, le sentiment d'injustice est souvent ressenti très violemment. Quel collégien n'a pas éprouvé la même réaction après avoir récolté une mauvaise note alors qu'il avait l'impression d'avoir parfaitement appris son cours? Quel étudiant n'a jamais été tenté de puiser

© Groupe Eyrolles

l'explication d'un échec dans l'injustice d'une correction ?

Dans le domaine de l'entreprise, les salariés sont régulièrement confrontés à des rapports de force et des décisions les concernant. Ils perçoivent et jugent chaque situation selon une grille de lecture : juste ou injuste. Est-ce que cette évaluation de mes compétences est juste ? Est-ce qu'il est juste que mon bureau soit plus petit que ceux de mes collègues ? Est-ce que cette remarque de mon supérieur est méritée ?...

La notion de justesse, une perception prédictive ?

Les recherches en psychologie du travail se sont dernièrement intéressées à la perception de justesse. Sous le terme de « justice organisationnelle », les chercheurs ont essayé de comprendre de manière fine quels sont les éléments d'une situation de travail qui amènent les salariés à la percevoir comme juste ou injuste. Ils sont maintenant à même de nous proposer des outils et des principes permettant de guider l'action des entreprises.

Mieux même, une méta-analyse[1] portant sur 183 recherches scientifiques a conclu que le sentiment de justesse « *est un puissant prédicteur du turnover, des représailles organisationnelles, et de la performance.* »

1. Colquit & al., « Justice at the Millenium: a meta-analytic review of 25 years of organizational justice research », *Journal of Applied Psychology*, 2001, vol. 86, 3, p. 425-445.

© Groupe Eyrolles

Des comportements managériaux perçus comme justes accroissent la performance

La justesse, un nécessaire équilibre à trouver

Pour que les salariés trouvent leur entreprise juste, il est nécessaire qu'il y ait une répartition équitable entre les salariés des ressources et des avantages comme peuvent l'être la rémunération, les primes et l'outil de travail.

En cas de sur-récompenses, la productivité du salarié augmentera de manière très éphémère, pour ensuite retomber comme un soufflé. Une culpabilité liée à cette récompense non méritée, risque par ailleurs d'émerger !

De même, si le salarié se sent sous-récompensé, il se sentira insatisfait et se montrera moins performant de manière durable. Ainsi, lors d'une expérience, des chercheurs[1] ont-ils profité d'une période de dix jours de travaux, pour modifier le type de bureau affecté aux commerciaux. Ceux qui se sont vus attribuer des bureaux d'une valeur inférieure à leurs pairs l'ont rapidement perçu comme injuste et ont accusé une baisse sensible de leur niveau de... performance !

Si se montrer juste envers ses salariés a une telle importance pour l'entreprise, comment doit procéder son principal acteur, le manager ? À cet effet, des principes clés ont été mis en évidence, dont chacun peut apprécier le bon sens.

© Groupe Eyrolles

1. GREENBERG, J., « Equity and workplace status: A field experiment », *Journal of Applied Psychology*, 1988 , vol. 73, p. 606-613.

Impliquer les salariés dans les décisions

La manière dont sont prises les décisions influence l'attitude et les comportements des salariés. L'implication des salariés tendra à prouver à ceux-ci que la mesure est d'autant plus juste qu'ils en sont, ne serait-ce que partiellement, à l'origine.

> **Effets garantis**
>
> Une mesure a bien plus de chances d'être perçue comme juste et donc suivi d'effets, si les salariés ont pu s'exprimer et se sont sentis écoutés et pris en compte.

Une communication juste, qui suscitera aussi l'acceptation des décisions et l'implication des collaborateurs, repose sur la politesse, l'honnêteté, le respect et l'empathie du supérieur. En outre, celui-ci doit s'attacher à justifier sa décision en fournissant des informations.

De tels comportements managériaux perçus comme justes, notamment en raison de l'implication des salariés, influent réellement sur la performance.

Le sentiment d'injustice éprouvé conduit à des attitudes contre-productives

Le besoin de se sentir apprécié à sa juste valeur est tel que le collaborateur qui considère qu'on ne le traite pas de manière juste éprouve tout naturellement du ressentiment, de la colère. Même si les émotions négatives sont contrôlées et masquées par le salarié, celui-ci souhaite intérieurement réparation et va engager ce que les chercheurs appellent

© Groupe Eyrolles

des « représailles organisationnelles ». En fait, ces sentiments négatifs poussent le salarié à punir d'une manière ou d'une autre ce qu'il considère être la source de cette injustice : le manager en particulier ou la direction en général. Concrètement, les conséquences de la perception d'un comportement injuste peuvent se traduire par des négligences volontaires, des vols, du gaspillage de ressources, du vandalisme, et encore d'autres comportements contre-productifs.

Il est particulièrement difficile d'estimer les coûts économiques globaux découlant d'un sentiment d'injustice. Les estimations faites, par exemple, aux États-Unis sont très variables mais dépassent toutes les centaines de milliards de dollars. En France, la littérature scientifique est plus pauvre sur le sujet. De par son contexte social et politique particulier, les termes utilisés par les sociologues sont en effet plus consensuels : « récupération », « appropriation »…

La perception de justice et d'injustice à l'épreuve des faits

Au début des années 1990, un chercheur[1] a accompagné une réduction de salaire de 15 %, pendant dix semaines, dans deux usines, d'une entreprise en difficulté financière.

- Dans la première usine, il a été expliqué aux salariés que la décision était regrettable et qu'elle n'était agréable pour personne mais qu'elle permettait d'éviter des licenciements. La direction a précisé que la

1. Greenberg, J., « Employee theft as a reaction to underpayment inequality: the hidden costs of pay cuts », *Journal of Applied Psychology* , 1990, vol. 75 (5), p. 561–568.

© Groupe Eyrolles

réduction concernait tout le monde y compris les fonctions les plus élevées. Les échanges entre la direction et les salariés se sont faits sur un mode respectueux et empreint de considération. Par ailleurs, les informations relatives à la situation comptable de l'entreprise ont été présentées en toute transparence. Ce qui justifiait qu'une réduction de 15 % durant dix semaines permettait de faire face aux difficultés financières.

- Dans la seconde usine, l'intervention s'est effectuée de manière plus sèche. La communication faite aux ouvriers était concise. Seules, les informations essentielles ont été transmises aux salariés : la réduction des salaires de 15 % portait sur une durée de dix semaines, cette baisse faisait suite à des difficultés commerciales.

Le bilan de ces interventions est évocateur. Avant la réduction de salaire, le pourcentage de pertes inexpliquées – ou autrement dit de vols – était faible et similaire aux deux usines. Dans la seconde usine, où la communication a été réduite aux faits essentiels, les vols ont brutalement augmenté. Alors que dans la première usine – où la diminution des salaires a été communiquée suivant des principes perçus comme justes – les vols ont très faiblement augmenté.

© Groupe Eyrolles

UN COMPORTEMENT JUSTE GÉNÈRE DU DYNAMISME

La justesse concerne le rapport entre les reproches et les félicitations

Nous avons tous en tête des histoires de réussite inattendue, réussite liée à des comportements justes, c'est-à-dire autant capables d'encouragements que de… sanctions ! Sachons toutefois que « *Ce sont les Hommes les plus applaudis qui réussissent le mieux*[1] ».

Échecs et succès doivent au moins être traités sur le même pied d'égalité

La sensation de justesse passe par la capacité à se montrer juste dans les rapports reproches et félicitations.

Dans la vie de tous les jours, cela paraît simple, évident même et cependant, si l'on y regarde de près, spontanément, on a souvent tendance à faire le contraire. On cite régulièrement le cas de l'enfant qui rentre chez lui avec deux notes, l'une bonne, en biologie, et l'autre, nettement moins satisfaisante, en mathématiques. En tant que parents, il est habituel d'insister sur la mauvaise note car c'est elle qui nous inquiète. Et l'enfant sera… démotivé ! Il eut été bien préférable d'insister sur la bonne note, d'exprimer notre fierté et de juste attirer l'attention sur la nécessité d'harmoniser les résultats… en justifiant la possibilité des progrès grâce aux bons résultats obtenus en biologie.

1. CHRISTIAN LEMOINE, président fondateur du Centre de recherche et d'études sur la communication industrielle (CRECI).

© Groupe Eyrolles

Dans le domaine de l'entreprise, on assiste souvent à des phénomènes similaires.

> **Par expérience**
>
> Quand le manager consacre plus de temps à parler des échecs que des succès de ses collaborateurs, c'est la démotivation assurée !

Je me souviens d'un dirigeant qui, lors d'un petit déjeuner, avec des intervenants extérieurs à l'entreprise, aborde en présence de son commercial, le récent échec de celui-ci sur un gros marché. Le commercial parle alors de ses récents succès mais sent qu'il ne retient pas l'attention de son président. Il insiste, essayant de le convaincre que la balance penche du bon côté. Le dirigeant, lassé par cette attitude, aura alors cette phrase destructrice : « *Vous auriez mieux fait d'utiliser votre énergie pour convaincre le client* »…

Dans le cas qui nous intéresse, aborder un échec en externe est un contresens. En outre, insister sur l'échec ne contribuera qu'à faire douter le commercial en question, or, il a avant tout besoin d'être rassuré. Et puisqu'il a de bons résultats, là encore, parlons-en avec enthousiasme, en lui montrant que l'on en est admiratif.

Notre psychisme nous joue des tours

Notre psychisme, d'un naturel négatif, aide à voir avant tout les difficultés, les problèmes… Cette capacité se traduit à merveille dans le domaine des nouvelles, bonnes et vite oubliées, ou mauvaises et persistantes.

© Groupe Eyrolles

En raison de ces caractéristiques, notre cerveau pousse tout un chacun à réagir de manière inadaptée face à des difficultés. En effet, trop souvent, les réactions ne sont que négatives et le salarié a l'impression que l'on ne s'adresse à lui que pour lui faire des reproches : « *Lorsque je fais une erreur, on ne se prive pas de me le faire savoir avec force. En revanche, quand tout se passe bien, on ne me le dit jamais.* »

Il est donc important de faire en sorte que les remarques que l'on adresse aux collaborateurs soient équilibrées sur le plan des reproches et des compliments, sinon, le salarié percevra nos réactions comme injustes. Au mieux, nous serons un râleur, jamais content, dont les reproches n'auront pour ainsi dire plus d'effets. Au pire, il nous en voudra. Or, le but est bien que le salarié n'en veuille pas à son manager mais, au contraire, qu'il le considère comme un homme juste.

La justesse concerne aussi la manière de faire des reproches

Souvent, les reproches ont lieu le jour où le manager est de mauvaise humeur, de manière impulsive et donc brutale, pour des problèmes qui se répètent depuis plusieurs jours. Et là, il y a la conjonction de trois erreurs.

Trois principes clés à respecter

Les problèmes doivent être abordés :

- dès qu'on les constate,
- de manière calme,
- et lorsque notre objectivité n'est pas altérée par notre humeur.

© Groupe Eyrolles

L'idéal eut été de convoquer le salarié dès l'erreur repérée et de lui préciser que l'importance d'en parler ensemble est liée à l'existence chez lui de domaines dans lesquels il excelle, notre souhait est donc de voir le nombre de domaines d'excellence augmenter. Là, le salarié dira que son manager est un homme juste et il aura envie de progresser.

Globalement, il faut s'attacher à être plus positif que la logique le voudrait. Oui, face à la difficulté, il est essentiel d'être plus positif que cartésien… Car, si notre tendance est de voir ce qui pose problème, notre besoin est, à l'inverse, d'avoir des retours positifs.

Des relations perçues comme justes favorisent le bien-être

En termes de santé, la justesse, en diminuant le sentiment de frustration, diminue le niveau de stress.

Les mesures prises sans concertation, sans explication, les reproches isolés seront, le plus souvent, perçus comme injustes et seront sources de frustrations et donc de stress. En outre, souvent, face à ces éléments perçus comme injustes, le collaborateur ne réagit pas et là, les dangers en termes de santé sont encore plus importants. Une étude menée par des chercheurs de l'Unité de recherche sur le stress de l'université de Stockholm met en évidence la toxicité cardiaque liée à la répression des émotions liées au travail.

© Groupe Eyrolles

Le risque cardiaque est proportionnel à la faculté d'appréhender les conflits

- Les hommes qui fuient les conflits ont un risque trois fois supérieur à la moyenne de subir une attaque cardiaque.
- Ceux qui évitent les conflits ont un risque deux fois supérieur à la moyenne de subir une attaque cardiaque.
- Ceux qui réagissent en prenant à partie la personne à l'origine du problème ou qui se mettent en colère, n'ont pas de risque de crise cardiaque supérieur à la moyenne.

L'absence de compliments en étant, elle aussi, source de frustrations, est génératrice de stress.

En pratique

Avoir un rapport équilibré entre les félicitations et les reproches à l'encontre de ses collaborateurs en traitant sur un pied d'égalité succès et échecs.

Éduquer son psychisme à d'abord reconnaître ce qui va bien avant de voir ce qui va mal.

Impliquer les collaborateurs aux décisions les concernant.

Affronter les conflits et les gérer sans attendre dans les meilleures conditions environnementales.

© Groupe Eyrolles

La justesse
vue par
Sophie Lamalle

Directrice adjointe des ressources humaines du Groupe Korian

Le contexte : un groupe américain qui se porte acquéreur de la filiale d'un groupe suisse dont une partie des activités industrielles est implantée en France.

Décision est prise, pour un motif avéré de moindre compétitivité face à la concurrence, de délocaliser une usine basée en très proche banlieue parisienne dans la province profonde, à 400 km de la capitale, afin d'alléger les coûts générés par un outil industriel à bout de souffle.

L'activité sera transférée sur un site existant, quasiment neuf, et qui sera agrandi pour absorber la production ainsi délocalisée.

© Groupe Eyrolles

Les 300 salariés (80 % d'ouvriers, 10 % d'agents de maîtrise, 10 % de cadres) doivent accepter la mobilité géographique, ou être licenciés.

Comment, dans une des situations les plus difficiles sur le plan humain et managérial (gérer un plan social et ses conséquences sur les femmes et les hommes concernés), est-il possible de réduire à son niveau minimal les répercussions pécuniaires, psychologiques, physiques sur les collaborateurs ?

Est-il utile de décrire ce que cela suppose d'annoncer à 300 personnes dont la quasi-totalité d'entre elles n'a pour seul diplôme que son expérience et son savoir-faire acquis sur le site, qui vit dans un rayon de quelques kilomètres autour de l'usine, qui a acheté son pavillon à proximité… que demain, elles devront soit chercher un nouvel emploi avec ce que cela suppose de difficultés lorsque l'on n'est pas armé comme elles pour le marché du travail tel qu'il a évolué, soit se couper de leurs racines et partir vivre dans une région qu'elles ne connaissent pas, en demandant, le cas échéant, à leur conjoint de les suivre ?

Approchée pour mener l'opération, j'examine en premier lieu comment et jusqu'où le groupe est prêt à mettre les moyens pour que ce qui, en toute réalité, est un choc et le bouleversement de toute une vie pour les personnes concernées, ne se transforme pas en entreprise de démolition des salariés.

Le groupe, pour démontrer la prise en compte du préjudice qu'il allait faire subir à ses salariés, mettait en œuvre de réels moyens pour faire en sorte que chacun ait les moyens de trouver le débouché le mieux adapté à sa situation.

© Groupe Eyrolles

Il avait la possibilité de faire le choix du chèque qui déculpabilise pour se débarrasser le plus rapidement possible du problème, ou bien, et c'est ce qui fut fait, d'investir bien davantage en moyens humains et financiers de telle sorte que chacun soit appréhendé dans sa particularité, avec ses points faibles, sa colère, sa peur, mais découvre aussi à cette occasion ses atouts propres dont il n'avait pas nécessairement conscience.

L'objectif était bien de trouver des solutions durables à travers un nouvel avenir professionnel.

L'arsenal déployé s'est concrétisé par le détachement de deux personnes à temps complet sur le site, appuyées par un cabinet d'outplacement. J'ai été chargée de mettre en place puis de diriger une antenne emploi installée dans l'usine.

J'ai convaincu plusieurs personnes de venir l'animer avec moi : deux ouvriers, une employée administrative, un agent de maîtrise, un ingénieur, deux syndicalistes (CGT et CFDT) très écoutés, reconnus par les salariés et non susceptibles d'être accusés de collusion avec le « patron ».

Comment fut-il possible de les convaincre ?

En ne dissimulant pas la vérité qui était de dire que si la décision était prise et qu'elle était inéluctable, en revanche, nous allions ensemble, eux (qui connaissent bien chacun) et moi (qui dispose à la fois des crédits et de la connaissance des rouages de la recherche d'emploi), chercher une solution pour et avec chacun, en reconnaissant aussi la douleur et les craintes du lendemain.

J'ai ensuite, chaque jour, passé du temps directement dans les ateliers pour créer une vraie proximité, faire naître de la

© Groupe Eyrolles

confiance, pour que chacun arrive ainsi à franchir plus aisément le seuil de l'antenne emploi.

Le choix de la durée (18 mois) a été primordial afin d'installer, puis de faire fonctionner, avec les différentes parties prenantes, les dispositifs dédiés à l'écoute, à l'analyse des situations individuelles, aux bilans de carrière, à la professionnalisation de ceux qui avaient la volonté et les moyens intellectuels pour entreprendre la démarche, à l'accompagnement à la création d'entreprise, à la recherche d'emploi, à l'aide au retour au pays pour y développer un projet.

Bien sûr, l'histoire ne s'est pas déroulée sereinement de bout en bout, et il a fallu aussi gérer les manifestations de la colère et des peurs. Cependant, si l'accompagnement n'avait pas été au niveau décrit, le résultat n'aurait pas été finalement ce qu'il a été, soit 100 % des salariés avec une solution.

Une cinquantaine de personnes sont restées sur le site repris par une entreprise agroalimentaire qui s'était engagée, selon l'accord conclu, à garder ces salariés moyennant un prix de cession intéressant qui prenait en compte cette condition.

Cet exemple se voulait illustrer comment il est possible pour une entreprise de gérer une situation socialement à risque avec courage et justesse et de se comporter comme un employeur socialement responsable.

- Pourquoi avec courage ? Parce qu'elle a entrepris un parcours plus long, plus compliqué, plus onéreux que celui que la majorité des entreprises entreprend.
- Pourquoi avec justesse ? Parce qu'elle a traité ses interlocuteurs avec équité et dans un souci de vérité.

© Groupe Eyrolles

De surcroît, l'impact en interne a été très positif en termes de climat social et de motivation sur l'ensemble des collaborateurs.

Cette histoire s'est déroulée il y a quelques années. J'ai eu envie de la raconter car, depuis, cette entreprise a poursuivi sa croissance, et n'a donc pas été pénalisée par son choix de l'époque.

© Groupe Eyrolles

CHAPITRE 6

Les encouragements

Les encouragements sont de puissants catalyseurs de réussite, de bien-être et de performance car ils ont pour effets d'activer deux leviers : le dépassement et la confiance en soi.

Le dépassement de soi ouvre la voie de l'excellence

Encourager est une pratique trop rare

Chacun de nous a pu constater dans la vie ordinaire que les encouragements recelaient une sorte de force insoupçonnée, susceptible d'éveiller des trésors enfouis au tréfonds de la personnalité. Tout collégien éprouvant quelques difficultés a pu faire l'expérience de l'effet des compliments d'un professeur. Très souvent, cela suffit à inciter l'élève à s'investir d'avantage, à avoir de meilleurs résultats et à découvrir le plaisir de travailler.

© Groupe Eyrolles

Et cela dure très longtemps. On se souvient tous, bien des années plus tard, des compliments de tel ou tel professeur. On y repense souvent et on y puise l'énergie nécessaire à l'action lorsque celle-ci est difficile.

Au niveau de l'entreprise, le besoin d'encouragements se manifeste exactement de la même manière et constitue également un puissant facteur de motivation. Or, si chacun s'accorde sur la nécessité d'encourager ses collaborateurs, cela est généralement assez peu pratiqué parce que, nous l'avons déjà mis en évidence, notre psychisme nous pousse plus à voir ce qui va mal qu'à reconnaître ce qui va bien.

Une jeune cadre, directrice d'un service commercial, expliquait un jour, qu'après avoir informé, par courrier électronique, son président de l'un de ses succès, elle avait reçu un message qui se limitait à « T.B. ». Elle verbalisait alors le manque ressenti : « *Je lui annonce un marché colossal et je n'ai droit qu'à un T.B. !* »

Il y a quelques mois, au cours d'une conférence dans un grand groupe industriel, une autre salariée illustrait l'importance des encouragements. « *J'ai dit à mon chef de service que j'avais besoin d'être encouragée de temps en temps. Il m'a répondu : "Ne comptez pas sur moi, car après vous allez me demander une augmentation !"* »

Et parfois, lorsque l'on demande à un salarié à quand remontent les derniers encouragements qui lui ont été adressés, on est surpris par le délai : « *Ah moi, c'est simple, cela remonte à… deux ans et demi !* »

© Groupe Eyrolles

Les encouragements améliorent le sentiment d'efficacité personnelle et par là les performances

La confiance en ses aptitudes pousse à l'efficience

Selon Albert Bandura[1], le sentiment d'efficacité personnelle renvoie « *aux jugements que les personnes font à propos de leur capacité à organiser et réaliser des ensembles d'actions requises pour atteindre des types de performances attendus* ». Plus prosaïquement, la capacité d'une personne à entreprendre certaines actions dépend largement de sa croyance dans cette capacité. Ainsi, si une personne estime ne pas pouvoir produire de résultats satisfaisants dans un domaine, elle n'essaiera pas de les provoquer. Des individus différents avec des aptitudes identiques, ou la même personne dans des circonstances différentes, peuvent obtenir des performances faibles, bonnes ou remarquables, selon les variations de leurs sentiments d'efficacité personnelle.

D'une manière générale, les personnes qui ont un sentiment d'efficacité élevé choisissent des tâches qui présentent un défi et qui leur donnent l'occasion de développer leurs compétences plutôt que de s'engager dans des tâches simples. Elles se fixent des objectifs élevés, régulent mieux leurs efforts, persévèrent davantage face aux difficultés et obtiennent des performances plus importantes.

1. Albert Bandura est docteur en psychologie et professeur émérite à l'université de Stanford. Ses travaux ont trouvé un écho très important auprès de la communauté scientifique, notamment sa théorie de l'apprentissage social et le sentiment d'efficacité personnelle.

© Groupe Eyrolles

À l'inverse, ces aptitudes peuvent être fortement émoussées par des doutes sur soi. Les personnes peuvent alors éprouver des difficultés à se motiver, abandonnent plus rapidement face aux obstacles et ont des aspirations réduites. À la suite d'une performance moindre, elles perdent foi en leurs capacités.

Des sentiments d'efficacité personnelle spécifique

Il ne faut pas confondre estime de soi et sentiment d'efficacité personnelle. Une personne peut en effet se trouver très mauvaise cuisinière sans que cela n'entache son estime de soi générale. Il existe surtout des sentiments d'efficacité personnelle spécifique liés à des activités particulières, plutôt qu'un sentiment d'efficacité personnelle générale.

Dès 1982, il a été démontré[1] que des enfants ayant le même niveau intellectuel se montrent plus ou moins efficients, selon la confiance qu'ils ont en leur efficacité. L'expérience réalisée à l'époque plaçait différents groupes d'enfants devant la résolution de problèmes difficiles en mathématiques. Il a été constaté que les enfants qui persévéraient face aux difficultés et qui résolvaient le plus de problèmes, étaient ceux qui avaient le plus confiance en leurs capacités.

Mieux encore, ce sont ces sentiments d'efficacité qui ont prédit l'attirance vis-à-vis des mathématiques, alors que les aptitudes initiales ne les pronostiquaient pas.

1. Collins, J. L., « Self-efficacy and ability in achievement behavior », 1982, March.

© Groupe Eyrolles

Il en va exactement de la même sorte chez les adultes[1] : l'idée que l'on se fait de nos capacités influence nos choix de carrière. On peut même dire que, d'une façon générale, la perception qu'un individu a de ses capacités constitue un bon moyen de prédire ses performances.

Être complimenté accroît le sentiment d'efficacité

Le sentiment d'efficacité est d'autant plus fort que nous obtenons des retours positifs d'autres individus. Il est plus facile de maintenir à un bon niveau son sentiment d'efficacité, si d'autres personnes expriment leur confiance en ces capacités.

Et lorsque à cela s'ajoute le fait que les individus qui se voient complimentés gardent une forte motivation pour accomplir leur mission[2], on perçoit parfaitement l'intérêt des managers à mobiliser ces ressources. Un manager qui souligne la qualité du travail produit par son collaborateur améliore chez celui-ci son sentiment d'efficacité. Et il a d'autant plus avantage à s'imposer l'exercice qu'il en résulte également des relations sociales apaisées et une plus grande émulation dans l'organisation.

C'est ainsi que dans une entreprise, il est suggéré à quelques cadres d'essayer de faire, lorsque cela est justifié, un compliment par semaine à leurs collaborateurs. Un

1. Lent, R.W., Larkin, K.C. and Brown, S.D., « Relation of self-efficacy to inventoried vocational interests », *Journal of Vocational Behavior*, 1989, vol. 34, p. 279-288.

2. Pretty, G.H. and Seligman, C., « Affect and the overjustification effect », *Journal of Personality and Social Psychology*, 1984, vol.46, p.1241-1253.

© Groupe Eyrolles

suivi hebdomadaire permettait d'accompagner la démarche et d'enregistrer la progression du nombre de compliments. Aussi, très vite, les encouragements se produisent-ils et... parallèlement les relations entre les salariés s'améliorent, les frottements inhérents à des rapports humains un peu rugueux disparaissant.

D'autres études[1] se sont intéressées à la force des compliments adressés aux managers eux-mêmes. Les chercheurs ont signifié à des managers plutôt doués, des retours soulignant l'insuffisance de leur performance managériale. Rapidement ceux-ci se sont mis à douter de leur efficacité, leur capacité à raisonner s'est brouillée et une détérioration progressive de leur management a été constatée. À l'inverse, lorsque les managers ont été encouragés et soutenus dans leurs efforts, ils ont pu bâtir une confiance en leurs capacités qui leur a permis d'améliorer leurs résultats même dans un contexte particulièrement difficile. Ils sont parvenus à stimuler leurs équipes pour atteindre des objectifs bien plus élevés.

À sentiment d'efficacité personnelle élevé, succès garanti

Lorsque l'on a étudié le succès entrepreneurial[2], on a remarqué certains points communs parmi les dirigeants qui connaissent le succès. Ceux-ci ont une vision précise de ce

1. BANDURA, A. and JOURDEN, F. J., « Self-regulatory mechanisms governing the impact of social comparison on complex decision making », *Journal of Personality and Social Psychology,* 1991, vol. 60, p. 941-951.

2. BAUM, J.R., « The relation of traits, competencies, vision, motivation, and strategy to venture growth », Ph.D. diss., 1994, University of Maryland.

© Groupe Eyrolles

qu'ils souhaitent faire, ils disposent d'une solide confiance en leurs capacités à la réaliser ce qui leur permet de se fixer des objectifs de croissance ambitieux. On peut citer à ce propos la confiance inébranlable de l'inventeur de génie, THOMAS EDISON qui affirmait : « *Le problème d'autres inventeurs est qu'ils essaient quelque chose et abandonnent. Je n'abandonne jamais tant que je n'ai pas trouvé ce que je cherche.* »

Ces arguments ne doivent pas nous faire oublier l'autre facteur puissant de motivation que constitue la relation affective. Les encouragements et la reconnaissance d'un individu en tant qu'être à part entière favorisent cet échange affectif, qui joue un rôle déterminant dans la qualité des relations humaines et donc dans la motivation.

La confiance est le ferment du bien-être

Les encouragements ont aussi des intérêts en termes de santé et notamment sur le stress. En effet, une étude de 1997[1] a montré que les encouragements au travail ont un effet protecteur contre les troubles psychiques. À l'inverse, une absence de soutien augmenterait le niveau de stress et d'anxiété de 31 % chez les hommes et de 43 % chez les femmes. Dans le contexte actuel, il est donc logique que les encouragements soient autant appréciés.

1. STANSFELD S.A., FUHRER R., HEAD J., FERRIE J., SHIPLEY M., « Work and psychiatric disorder » in the Whitehall II Study, *Journal of psychosomatic research*, 1997, vol. 43 (1), p. 73-81.

© Groupe Eyrolles

Enfin, les encouragements sont de puissantes sources de plaisir. Or, le plaisir, nous aurons l'occasion d'y revenir, joue un rôle protecteur très net contre les effets du stress.

En pratique

Saisir chaque occasion favorable pour encourager ses proches et ses collaborateurs.

Interroger les managers sur leur pratique des encouragements et les managés sur leur sentiment d'être ou non encouragés.

Mesurer les progrès et les résultats de la pratique des encouragements afin que ce suivi agisse comme une incitation à mieux faire.

© Groupe Eyrolles

Les encouragements vus par JEAN-LOUIS MARROU

Directeur adjoint de la rédaction de L'Entreprise

Dans l'encouragement il y a un contrat de progrès qui est une affaire collective, où chacun joue sa partition

Ah ! le courage d'être là pour l'autre. Ah ! la capacité à encourager par sa seule bienveillante présence… J'ai eu la chance, il y a quelques années, de rencontrer YANNICK NOAH. Une heure ensemble, rien que nous deux, porte fermée, téléphones éteints : autant de détails qui ont leur importance. YANNICK NOAH respecte ses interlocuteurs, il se rend disponible pour eux quand il les reçoit. C'est sans doute le plus précieux secret qu'il m'ait transmis pendant cette petite heure en tête à tête. Son attention bienveillante est en soi un encouragement.

© Groupe Eyrolles

Pour encourager l'autre, il faut le respecter, savoir lui donner toute l'attention que l'on doit à une personne humaine. Il faut avoir le courage d'être là pour lui. Depuis cette prodigieuse rencontre avec YANNICK NOAH, quand je pense à ce grand champion (et ce si grand bonhomme), j'ai toujours la même image dans la tête. Je le vois assis sur ses talons au bord d'un court de tennis. Je ne suis sans doute pas le seul à avoir cette image dans la tête. Pour une bonne et simple raison : quand il était capitaine de l'équipe de France, YANNICK NOAH, pour encourager les joueurs, se plaçait systématiquement dans cette posture à croupetons au bord du court. Les photos l'attestent. Toutefois, si cette image est si bien ancrée dans ma tête, c'est surtout parce qu'elle est attachée à l'un des secrets de coaching que NOAH a bien voulu me livrer lors de notre entretien. Quand il a quelque chose de difficile à dire à quelqu'un, notamment dans le but de le faire progresser, le grand YANNICK ne l'écrase pas de toute sa hauteur (il est vraiment grand), ni de toute son expérience (que l'on sait solide). Non, pour être sûr de délivrer son message, il se place résolument en dessous de la personne qu'il coache, pour ne pas l'écraser. Je vous jure que ça marche. Plus d'une fois, dans mes fonctions de rédacteur en chef, j'ai testé la posture NOAH. Et je n'ai jamais eu à m'en plaindre. Si votre interlocuteur est debout, placez-vous sur une chaise. Si votre interlocuteur est assis, mettez-vous à croupetons… Pour soutenir l'autre, l'encourager, il ne faut pas hésiter à ravaler son orgueil. Lui dire que l'on apprécie chez lui telle ou telle chose, lui dire qu'on le félicite pour telle ou telle action demande sans doute autant d'abnégation et d'humilité que de dire à quelqu'un qu'on l'aime…

© Groupe Eyrolles

Évidemment, pour avoir le culot de se mettre en dessous de ses collaborateurs, il faut avoir confiance en eux et les apprécier. Pour accepter de descendre de son piédestal, il faut aussi ne pas douter de son propre rôle. Écoute, respect, humilité… et assurance. Tout le contraire de l'arrogance de ceux qui, trop souvent attachés à leurs statuts, à leurs prérogatives, recroquevillés dans leur coquille comme des bernard-l'ermite qui se sentiraient en danger.

Pour encourager son équipe, ses collaborateurs, il faut les respecter. Mais aussi vouloir les faire progresser. Dans l'encouragement il y a comme un contrat de progrès : « *J'échange avec toi sur tes forces ou tes faiblesses pour que tu avances, te dépasses et progresses.* » Et si ce contrat de progrès était finalement le secret des organisations qui gagnent ?

Dans ma carrière de journaliste économique, j'ai eu l'occasion de rencontrer pas mal de chefs d'entreprise, surtout des patrons de PME. J'ai toujours été étonné que ces hommes et ces femmes soient aux antipodes de l'image que l'on a trop souvent d'eux. Ces gens-là, en particulier les plus performants d'entre eux, ont bien souvent la passion communicative. Ils transmettent, très spontanément, à leurs collaborateurs le désir de bien faire. En montrant l'exemple. Mais aussi, et surtout, en traçant le chemin. Il n'y a pas de progrès sans objectif. Il n'y a pas d'encouragement sans objectif. Comment peut-on féliciter son équipe, si l'on n'est pas en mesure de célébrer le parcours accompli, le but atteint ? Comment peut-on l'encourager, si l'on n'est pas en mesure de marquer les étapes et leur accomplissement progressif ? Ce qui caractérise le chef d'entreprise c'est la capacité à élaborer sa vision pour l'entreprise et à la faire partager,

© Groupe Eyrolles

pas à pas, à son équipe. Sans cette vision, il est bien difficile de montrer le chemin accompli et donc d'encourager les uns et les autres. Il est également impossible à l'équipe de fêter ses victoires (petites ou grandes).

On aurait tort de penser que l'encouragement procède uniquement d'un mouvement « *top down* » (de papa à fiston, de chef à collaborateur, etc.). Dans la plupart des situations, le contrat de progrès est une affaire collective, où chacun joue sa partition. Pour se donner du cœur à l'ouvrage (sens profond de l'encouragement), il est indispensable que tous fêtent la victoire de chacun et que chacun fête la victoire de tous. C'est précisément ce qui se passe dans n'importe quel sport collectif quand on voit les joueurs, après le but, tomber dans les bras des uns et des autres. L'incapacité à célébrer collectivement la victoire, en s'enfermant dans le plaisir égoïste de sa propre performance – ou la douleur solitaire de sa contre-performance –, donne un coup de canif dans le contrat de progrès. L'encouragement est un art subtil qui se pratique à plusieurs. Comme dans les orchestres, le chef donne le tempo et assure la cohérence.

© Groupe Eyrolles

CHAPITRE 7

Le pardon

Le pardon, voie de la réconciliation et élément clé de la motivation

La force du pardon

S'il est un des éléments de la motivation qui est peu abordé, c'est bien le pardon. Et cependant, sans pardon, la vie en société serait pratiquement impossible. Comme l'exprime fort justement le docteur Roberto Assagioli, psychiatre et psychothérapeute italien, « *Sans pardon, la vie est gouvernée par un parcours sans fin de ressentiment et de vengeance* ».

Le pardon est un puissant levier de motivation car il est le point de passage vers la réconciliation. Et la réconciliation, à l'image d'une épreuve traversée avec succès, permet à chacun d'en ressortir plus fort et surtout, d'acquérir un état d'esprit propice à aller de l'avant, à faire bien, à se dépasser. Comme le fait remarquer à merveille Marcelle Auclair, journaliste et femme de lettres française, « *Le pardon est*

© Groupe Eyrolles

plus qu'un sentiment, c'est une force qui déclenche d'admirables effets ».

Et cependant, spontanément, il est difficile de pardonner. En ce domaine encore, notre cerveau nous pousse davantage vers les aspirations négatives. D'ailleurs le langage populaire est assez riche en expressions qui traduisent mieux le ressentiment que le pardon, à l'image du célèbre « œil pour œil, dent pour dent ».

Il existe cependant de belles histoires de pardon. À l'image de celle qui suit, elles montrent parfois comment des êtres exceptionnels parviennent à pardonner les auteurs de faits majeurs. Et se remémorer de telles histoires aide souvent à pardonner, un peu comme s'il s'opérait une contagion du pardon. C'est pour cette raison que l'histoire qui suit figure ici.

Le 8 juin 1972, un photographe immortalise une petite Vietnamienne qui court sur une route, en hurlant sa douleur. Nous sommes en pleine guerre du Vietnam. Alors âgée de 9 ans, Kim vient d'être gravement brûlée au napalm. Le cliché fera le tour du monde, bouleversant des millions d'Américains et précipitant la fin du conflit. Par miracle, Kim a survécu. Mais au prix de douleurs physiques et morales immenses, suite aux multiples chirurgies réparatrices subies et affections qui l'handicapent encore aujourd'hui.

Vingt-quatre ans après, Kim est invitée à Washington et face à un parterre de vétérans, quelque peu intimidée, elle prend la parole : « *Si je pouvais me trouver face-à-face avec le pilote de l'avion qui a lancé la bombe, je lui dirai : "On ne peut pas changer l'Histoire, mais au moins peut-on essayer de faire de notre mieux dans le présent et le futur pour promouvoir la paix."* » Un homme dans l'assistance est

© Groupe Eyrolles

profondément ému. Il fait parvenir à la jeune femme un billet sur lequel est inscrit : « *Kim, je suis cet homme.* » Et John Plummer, c'est le nom de cet homme, attend, tremblant. Elle vient à lui, et le prend dans ses bras. Il éclate en sanglots. Implorant son pardon, elle lui répond : « *Mais oui, c'est fini, je vous pardonne.* »

Cette histoire émouvante, illustre particulièrement bien l'alchimie du pardon. En partant d'un fait dramatique, l'auteur du pardon parvient, grâce à la réconciliation, à agir pour créer une dynamique d'intérêt général : bâtir un monde de paix.

Dans de nombreux cas, les faits sont, fort heureusement, infiniment moins dramatiques ou irréversibles que ceux qui précèdent mais le pardon, grâce à la réconciliation, est plus facilement susceptible d'induire des dynamiques positives.

Le pardon est un acteur essentiel de la réconciliation

Nous n'accordons pas spontanément notre pardon et cependant, celui-ci constitue l'étape préalable à une éventuelle réconciliation.

Et c'est peut-être parce que ce besoin de réconciliation est de plus en plus important, que l'on assiste à un renouveau du pardon. Il s'immisce même jusqu'en géopolitique. De manière générale, les politiques du pardon s'imposent sur la scène internationale et, parallèlement, les commissions de « réconciliation » se multiplient.

© Groupe Eyrolles

Il convient ici de remarquer que le pardon ne conduit pas obligatoirement à la réconciliation mais sans pardon, la réconciliation est très difficile. En effet, pour reconstruire une relation saine et durable, le pardon est une étape indispensable.

Le pardon dans l'entreprise est générateur d'un climat positif qui favorise la motivation

Dans le monde de l'entreprise, comme dans la société en général, des tensions plus ou moins importantes existent d'autant plus facilement que les personnes traversent des moments difficiles, le stress rendant chacun de nous un peu plus agressif. Ces tensions peuvent déboucher sur des climats de grande hostilité entre collaborateurs, ce qui ne favorise pas l'engagement dans le travail. Pour éviter à avoir à gérer de telles situations, il semble intéressant d'encourager la gestion des tensions autant que faire se peut dans les délais les plus courts possible.

Une histoire vécue illustre bien cet intérêt. Dans le service de production d'une grande entreprise, un après-midi où rien ne va, le responsable du service est très tendu. Une remarque adressée à trois collaborateurs se transforme en des échanges de propos très vite déplacés. Quelques heures passent et le manager prend conscience qu'il a été maladroit et qu'il a été beaucoup trop loin. Ses collaborateurs ne parlent plus et leurs visages expriment leur état d'esprit. Il va alors voir chacun des trois collaborateurs et les convoque dans son bureau à dix-huit heures. Au moment de l'entretien, le

© Groupe Eyrolles

chef de service explique qu'il a conscience de sa maladresse et que ses propos ont dépassé sa pensée. Il demande à ses collaborateurs de bien vouloir excuser son comportement qu'il qualifie lui-même d'inadmissible. L'un des collaborateurs prend alors la parole et explique qu'il a lui-même été maladroit en réagissant de manière aussi hostile. Un échange s'installe, dans le calme cette fois, chacun abordant ses limites et s'engageant à éviter que de telles tensions ne réapparaissent.

Le chef de service analysera ensuite la situation en remarquant que, non seulement ils se sont séparés sans être fâchés, mais qu'en plus, dans la foulée de l'incident résolu, le climat de l'équipe était plus chaleureux et que chacun s'était investi au mieux pour rattraper le retard pris. En l'espèce, les tensions ont conduit au pardon puis à la réconciliation et à un climat où chacun a davantage fait attention à autrui, a pris plaisir à aider son collègue et eu envie de bien faire.

Le climat positif qui suit la gestion d'un conflit est souvent de grande qualité et, à l'issue, il est fréquent de voir des personnes s'entraider au point où cela ne s'était jamais produit avant les tensions. On notera au passage qu'en plus d'être générateur de motivation, le pardon est à l'origine de solidarité de proximité.

On comprend bien ici à quel point le pardon, source de réconciliation, peut être un levier de performance intéressant à solliciter dans certains contextes tendus.

© Groupe Eyrolles

En termes de santé, les bienfaits du pardon sont manifestes

Avant d'analyser les bienfaits du pardon, il peut être riche d'enseignements d'examiner, par effet miroir, quels sont les effets néfastes du ressentiment. En effet, le fait d'éprouver de la rancœur à l'égard de quelqu'un ne lui cause pas de mal, mais rend la vie singulièrement douloureuse, au sens premier du terme. De récentes études[1] montrent que le ressentiment produit une élévation des émotions négatives. Celles-ci impactent le corps, tant au niveau cardiaque, entraînant une élévation de la pression artérielle qu'au niveau de l'activité électrique du cerveau notamment au niveau du lobe frontal. On constate sur le long terme, une altération de la santé physique générale chez les personnes rancunières. Ces personnes souffrent aussi plus souvent de maux de tête, de troubles digestifs, de douleurs lombaires, d'anxiété voire de dépression[2].

A contrario, les thérapeutes qui travaillent avec des victimes de traumatismes connaissent depuis longtemps les vertus du pardon. Ils ont, par exemple, remarqué que le soulagement apporté par le pardon favorise les capacités d'adaptation et la guérison de ces personnes.

1. Mullet E., Neto F. and Riviere S., « Personality and its effects on resentment, revenge, and forgiveness and on self-forgiveness », in E. L. Worthington Jr. (Ed), *Handbook of Forgiveness*, 2005, New York, Brunner-Routledge, p. 159-182.

2. Muñoz Sastre M. T., Vinsonneau G., Neto F., Girard M. and Mullet E. , « Forgivingness and satisfaction with life », *Journal of Happiness Studies*, 2003, vol.4, p. 323-335.

© Groupe Eyrolles

Les effets bénéfiques du pardon ont été plus largement étudiés par les chercheurs depuis une quinzaine d'années. Ils ont ainsi remarqué que le pardon constitue un excellent moyen pour diminuer la colère, la dépression, l'anxiété et diverses autres émotions négatives[1]. Par ailleurs, les personnes capables de pardonner sont en moyenne plus satisfaites de leur vie. Et après avoir pardonné, celles-ci sont plus confiantes en l'avenir et ont une meilleure estime d'elles-mêmes[2] !

En pratique

Développer le sens du pardon en s'excusant en cas de propos malheureux, blessants ou injustes, avec ses collaborateurs.

Ne pas attendre que le conflit s'envenime et être force de réconciliation.

Faire de l'échange qui suit un conflit l'occasion d'aborder les causes des tensions qui s'étaient installées.

Profiter du climat favorable qui suit la résolution d'un conflit pour renforcer les liens entre les personnes.

Se remémorer et raconter de belles histoires de pardon pour aider à pardonner, un peu comme s'il s'opérait une contagion du pardon.

1. Enright R. D. and Fitzgibbons R. P., *Helping Clients Forgive: An Empirical Guide for Resolving Anger and Restoring Hope*, Washington DC, APA, 2000.

2. Freedman S. R. and Enright R. D., « Forgiveness as an Intervention Goal with Incest Survivors », *Journal of Consulting and Clinical Psychology*, 1996, vol.64, p. 983-992.

© Groupe Eyrolles

Le pardon
vu par
Gontran Lejeune

Président national
du Centre des Jeunes Dirigeants (2008-2010)

Changer l'indépendance en interdépendance

Quand on m'a demandé de réfléchir au pardon dans l'entreprise j'ai d'abord cru que l'on se trompait de lieu et que si ce sujet était à sa place au sein d'une église, le ramener dans l'entreprise était une autre affaire !

Pourtant, l'entreprise est un lieu social par excellence ; on y croise chaque jour des femmes et des hommes avec qui l'on travaille, parfois par obligation bien sûr, mais reste que l'on y passe plus de temps que dans les lieux de culte !

À y regarder de plus près il est urgent de comprendre qu'une entreprise n'est pas une propriété privée. Même si elle l'est juridiquement, si elle appartient à celui qui en possède le capital, elle ne peut pas fonctionner sans les femmes et les hommes qui la composent. Une entreprise, c'est donc à la fois le capital qui permet les investissements et une communauté de salariés. Et entre les deux, il y a le contrat de travail, qui est un lien de subordination. Comment s'articulent les relations entre les uns et les autres ? Par le management. Et la grande question qui se pose est justement : comment faire une entreprise plus humaine ?

Il s'agit de créer un capital commun de confiance pour produire de la coopération et des richesses ensemble. Richesses, c'est très différent de profits. Les richesses ne se mesurent pas seulement en espèces sonnantes et trébuchantes, elles sont aussi sources de connaissances, d'apprentissages, de créativité, d'innovations, de relations, de liens sociaux, de culture.

Mais ces richesses ne peuvent être produites que dans une dynamique de confiance fondée sur la réciprocité, le don, le pardon, en rendant chacun véritablement acteur et force de proposition.

Le NOUS a besoin du JE, et pour s'exprimer, le JE a besoin du NOUS.

Comment ancrer cette dynamique de la confiance dans l'entreprise, de manière bien vivante, en sortant des discours et des promesses ?

L'entreprise est forte de la place qu'elle laisse aux plus fragiles

Aujourd'hui, ce qui apparaît clairement dans l'entreprise comme dans la société, c'est que nous sommes dans le

© Groupe Eyrolles

culte de l'hyper performance où chacun veut gagner tout, tout seul et contre les autres. On a assisté à l'émergence de cette génération de « sur-forts », de « killers », de « winners ». Voilà comment on a généré des sous-développements de la confiance et de la communauté humaine. Comment peut-on grandir, s'épanouir, apprendre dans un tel contexte ? Et pourtant :

- dépendre de l'autre n'est pas une aliénation ou une peur, mais une chance ;
- lui demander pardon parce que nos mots ont dépassé notre pensée, n'est pas se soumettre mais le respecter ;
- ne pas posséder toutes les compétences mais avoir besoin de celles de l'autre est une immense richesse.

D'ailleurs les gens créatifs sont fragiles, les gens innovants sont fragiles, les gens qui génèrent des qualités de relations humaines sont fragiles, les gens qui ont l'intelligence des autres sont aussi souvent des gens fragiles (sinon ils ne s'intéressent pas aux autres !).

Il nous faut d'abord l'accepter comme un état de fait, l'accueillir comme une chance, et aussi en acquérir l'intelligence. De la sorte l'efficacité devient fécondité, et le savoir peut devenir sagesse dans le sens où elle relie l'intelligence et le cœur.

Accepter de recevoir de l'autre, lui faire comprendre qu'il est important, qu'il a une place, lui exprimer sa confiance, l'accompagner, permettra cette force de création commune.

C'est en nous reliant dans le respect que l'on peut grandir et faire grandir l'autre. C'est là où le pardon a une place essentielle car il est surtout le chemin de l'unité. Il n'y a pas de

© Groupe Eyrolles

paix sans justice et pas de justice sans pardon. Ce pardon, à partir du moment où l'on se reconnaît fragile, appartient à chacun et relève d'une présence à soi : sentiment absolument individuel composé tout à la fois de force de caractère et d'un sentiment de la justice.

Il faut oser la fragilité !

Un management qui fait de la fragilité une force collective

Doit-on tout régir par contrat, est-ce cela le management ? Pour qu'il y ait construction collective et engendrement réciproque, il faut commencer par avouer un manque, se reconnaître non autosuffisant, passer de l'indépendance à l'interdépendance.

Alors, autant prendre en compte cette fragilité comme une composante essentielle de nous-mêmes et se l'avouer, tout simplement. Nous nous sentons évidemment mieux quand on commence à s'occuper de notre fragilité plutôt que de la nier !

À l'heure où l'innovation est considérée comme une issue de secours, n'est-ce pas le moment de la considérer comme un mode de pensée nouveau et de la centrer autour de nous-même et de nos organisations humaines ? Il s'agit d'accueillir la fragilité des uns et des autres pour en faire une force collective.

En repensant aux étapes décisives de la croissance de mon entreprise, je prends conscience qu'elles n'ont pas résulté d'une addition de compétences mais plutôt d'une multiplication de confiance et d'implication de chacun, une espèce

© Groupe Eyrolles

d'interdépendance des uns et des autres.

Il faut laisser une place à la reconnaissance de la fragilité dans les processus organisationnels et de management, par exemple :

- en demandant à chacun quels sont ses peurs, ses attraits, ses risques de rupture par rapport au projet collectif ;
- en impliquant les seniors dans la transmission des savoir-faire de l'entreprise ;
- en ne cantonnant pas les salariés aux mêmes tâches répétitives et en leur permettant d'exprimer leurs passions dans le travail : ne fait-on pas mieux ce que l'on aime faire ?

Cela demande d'écouter un peu plus ses collaborateurs, de les considérer comme autre chose que des postes de travail et de sortir d'un taylorisme latent qui empêche toute créativité organisationnelle.

Il faut changer l'indépendance en interdépendance ! Et ce faisant, la force de notre alliance dans l'entreprise sera l'addition de nos faiblesses, la multiplication de nos projets, la soustraction de nos problèmes et la somme de nos promesses et de nos pardons !

© Groupe Eyrolles

Pour aller plus loin

Tout au long de cet ouvrage, pour chaque levier de motivation intrinsèque, nous avons essayé de montrer comment il est à la fois source de performance et de bien-être.

Globalement, depuis des siècles, il est admis que la motivation est synonyme de performance. Nous n'aborderons donc ici que des aspects particuliers de l'influence de la motivation sur la performance.

En revanche, son influence sur le bien-être obéit à des démonstrations plus récentes. Aussi, dans cette partie, nous allons nous attacher à montrer en quoi la motivation est une puissante source de… bien-être.

La caractéristique de ces sept leviers de motivation intrinsèque est d'être aussi source de solidarité de proximité, clé de l'intelligence collective.

Nous allons donc constater que la mise en œuvre de ces sept leviers est à la fois à l'origine de réussite individuelle, de performance collective et de bien-être.

© Groupe Eyrolles

Sept leviers sources de motivation et de bien-être

Les arguments de la psychologie

Comment définir la santé ?

Comme le souligne le rapport effectué en 2010, à la demande du Premier ministre, sur le bien-être et l'efficacité au travail, la santé mentale ne correspond pas simplement à une absence de détresse psychologique ou de pathologies. La santé relève tout autant, voire davantage, du bien-être de l'individu. Et c'est également dans cette perspective, que l'Organisation mondiale de la santé (OMS) la définit comme « *Un état de complet bien-être physique, mental et social, et [qui] ne consiste pas seulement en une absence de maladie ou d'infirmité* ».

En accord avec cette conception, des chercheurs[1] expliquent que la santé psychologique passe par un niveau bas de détresse psychologique (anxiété-dépression, irritabilité-agressivité, autodévalorisation, désengagement social), et par un niveau élevé de bien-être psychologique (bonheur, estime de soi, équilibre mental, contrôle de soi et des événements, engagement social…).

Le bonheur et l'équilibre mental général de ses collègues ne dépendent pas directement du manager. En revanche, il peut, en s'appuyant sur les sept leviers proposés, agir sur leur santé.

1. Achille, 2003; Kelloway and Day, 2005; Keyes, 2005; Massé & al., 1998; Warr, 1994.

© Groupe Eyrolles

Si de nombreuses études et ouvrages démontrent – à un tel point que cela en devient redondant –, l'impact de la motivation sur la performance, ou du stress sur la santé, peu d'ouvrages s'intéressent aux relations étroites – influences sans doute moins évidentes et pourtant bien réelles – qu'entretiennent la motivation, le stress et la santé.

Le rôle de la motivation dans le lien stress-santé

L'étude de la motivation nous conduit à essayer de comprendre les raisons qui incitent une personne à s'engager dans une tâche donnée. Qu'est-ce qui pousse un individu à l'action ? Cette question a fait l'objet de nombreuses tentatives de modélisation. L'une des théories les plus récentes en la matière, la théorie de l'autodétermination, souligne l'importance de moteurs essentiels qui permettent le bien-être et le développement de l'individu :

- l'appartenance sociale : il s'agit ici de l'importance de vivre des relations sociales harmonieuses, d'obtenir la reconnaissance et le soutien d'autrui. *L'autre, par le regard qu'il porte sur moi, me montre que j'existe. Ses encouragements et les relations justes et équilibrées qu'il entretient avec moi nourrissent mon besoin d'appartenance sociale* ;
- le désir de compétences, qui fait référence à la recherche de sentiment d'efficacité personnelle et de la maîtrise de compétences données. *Je suis d'autant plus incité à poursuivre mes efforts si je constate des progrès et une augmentation de ma confiance en mes capacités.*

© Groupe Eyrolles

- le besoin d'autonomie, qui apparaît ici comme le besoin fondamental de pouvoir faire ses propres choix, de pouvoir s'approprier l'action à produire.

Ces trois concepts fondamentaux recoupent les sept leviers développés dans cet ouvrage. Il est intéressant d'observer que ceux-ci favorisent la motivation dite intrinsèque. Dans ce premier cas, les comportements sont motivés par la satisfaction que la personne éprouve lors de la réalisation de sa mission. L'intérêt de la motivation intrinsèque a été montré par des études récentes qui indiquent qu'elle est à l'origine d'une humeur plus positive, d'une meilleure efficience intellectuelle et d'une plus grande persévérance.

Mais mieux encore, des chercheurs[1] ont démontré que la perception que l'on a des événements détermine davantage les effets sur la santé mentale que leur réelle nature. C'est le fait de percevoir un événement comme une menace qui joue sur le niveau de stress et donc sur la santé. Aussi, plus la motivation de votre collaborateur est intrinsèque, plus il éprouve du plaisir à réaliser sa mission, moins il sera sensible au stress. Pourquoi ? Grâce à vos encouragements votre collaborateur a confiance en ses capacités. Par ailleurs, vous avez pris soin de lui laisser une certaine autonomie dans ses tâches. Ainsi, il dispose de ressources pour s'adapter à la contrainte et il interprétera l'événement comme un défi plutôt que comme une menace. Le bénéfice ? Un niveau de bien-être plus élevé !

1. Marc Blais, Ursula Hess, Julie Bourbonnais, Julie Saintonge et Andrea Riddle.

© Groupe Eyrolles

Les arguments de la médecine

Lorsque l'on sait cultiver l'autonomie, développer la maîtrise, proposer un but riche de sens, faire preuve d'optimisme, être juste, prodiguer des encouragements et cultiver le sens du pardon, on va développer chez ses collaborateurs une véritable motivation. C'est-à-dire qu'ils vont prendre du plaisir à… travailler ! Le plaisir que l'on éprouve quand on prend conscience que l'on est un des acteurs d'une stratégie commune.

On abordait, il y a quelques lignes, le lien entre la motivation et le plaisir à travailler. Si cela apparaît spontanément assez évident, cela a le mérite de se vérifier d'un point de vue neurophysiologique. En effet, l'hormone clé de la motivation est la dopamine.

La preuve de son rôle dans la motivation a été apportée par des expérimentations animales. Si, par l'intermédiaire de médicaments, on bloque les récepteurs à dopamine d'un animal, celui-ci se laisse mourir de faim et de soif car il n'a plus la motivation nécessaire pour s'alimenter et s'hydrater. Dans le jargon médical, on appelle souvent la dopamine l'hormone du plaisir tant elle intervient dans les réactions impliquant le plaisir.

Lorsque l'on va motiver ses collaborateurs, on va donc leur permettre d'éprouver du… plaisir et c'est ce plaisir qui explique l'influence de la motivation sur le bien-être.

En effet, le plaisir nous protège des effets toxiques du stress. Deux récentes études viennent de montrer que le plaisir en rapport avec le simple fait d'aller voir, d'ici trois jours, un film à caractère humoristique diminue la sécrétion d'adrénaline

© Groupe Eyrolles

de 70 % et de cortisol de 39 %. En 2006, la même équipe de chercheurs californiens avait démontré que le plaisir lié au fait de s'attendre à une période de rire augmentait les taux de deux hormones bénéfiques à la santé : l'hormone de croissance (HGH) et la bêta endorphine.

- L'influence de l'hormone de croissance est majeure puisqu'elle contribue à diminuer les effets du stress sur l'immunité.
- Les endorphines agissent, de manière indirecte, en augmentant la libération de dopamine, contribuant ainsi à créer une spirale vertueuse.

En résumant, la motivation provoque du plaisir et le plaisir nous protège notamment des effets toxiques du stress !

C'est ce qui fait dire au professeur Ethel Roskies, docteur en psychologie à l'université de Montréal : « *Un plaisir par jour chasse le stress.* » Et c'est aussi ce que les étudiants de l'université de Liège en Belgique apprennent : « *Les menus plaisirs sont à déguster sans modération ; ils stimulent notre production d'endorphines et contribuent à nous assurer un bien-être indispensable.* »

Sept leviers sources d'intelligence collective

On se rend facilement compte que motiver des collaborateurs passe par une attitude particulière, par une communication permettant à ceux-ci de mesurer l'attention portée par leur manager.

© Groupe Eyrolles

Et lorsque l'on prend conscience que l'on compte pour autrui, on s'aperçoit que les relations de solidarité entre les personnes deviennent plus fortes. À l'extrême, c'est ce que l'on voit dans les unités de combat où l'on parle de frères d'armes. Et dans ce cas-là, on s'est aperçu qu'une hormone intervient pour développer l'empathie, la générosité : l'ocytocine ! C'est cette substance qui, en amplifiant l'empathie et la générosité, va permettre aux relations de se développer et à la solidarité d'exister.

On a longtemps cru que cette substance libérée par la mère lors de l'accouchement où dans les relations amoureuses avait besoin de sentiments très forts ou de contacts physiques pour être sécrétée. Or, différentes études ont montré que des sentiments d'amitié comme ceux qu'éprouvent les militaires[1] entre eux suffisent… D'autres études ont montré que le contact physique n'était pas indispensable puisqu'un simple échange verbal pouvait suffire[2]…

Selon de récents travaux[3], des attentions particulières, comme celles que l'on a quand on va chercher à motiver ses collaborateurs, susceptibles d'augmenter les émotions positives et de diminuer les émotions négatives, suffiraient à déclencher la libération d'ocytocine…

Et l'intérêt est majeur car l'ocytocine agit à deux niveaux :

- elle a un effet bénéfique sur le stress qui s'illustre par

1. http://www.informationhospitaliere.com/actualite-18245-l-ocytocine-favorise-l-attention-defense.html

2. Leslie J. Seltzer, Toni E. Ziegler and Seth D. Pollak, « Social vocalizations can release oxytocin in humans », *Journal de recherche biologique de la Royal Society*: Proceedings of the Royal Society.

3. http://www.examiner.com/workplace-issues-in-national/workplace-relationships-and-oxytocin

© Groupe Eyrolles

une diminution du taux de cortisol, comme en attestent plusieurs études[1] ;

- elle renforce la générosité et l'empathie, conditions essentielles à l'expression de… l'intelligence collective !

Réussite individuelle, performance collective et bien-être

Les sept leviers de motivation, grâce à la dopamine, provoquent du plaisir qui vient diminuer les effets du stress. Or, nous avons vu à plusieurs reprises qu'en diminuant le niveau de stress, on augmente le bien-être et la réussite individuelle. Les sept leviers de motivation, en permettant en plus de la libération de dopamine la sécrétion d'ocytocine, diminuent encore plus les effets du stress, renforçant ainsi l'action sur le bien-être et sur la réussite individuelle. Parallèlement, grâce à l'action de l'ocytocine, l'émergence de l'intelligence collective est facilitée. Enfin, souvenons-nous que l'hormone de la motivation, la dopamine, vient stimuler la sécrétion d'ocytocine.

Les raisons de recourir à une communication et à un comportement de très grande qualité, sont donc majeures puisqu'elles permettent d'associer, réussite individuelle, performance collective et santé. Voilà un bien bel enjeu pour l'entreprise du XXIe siècle !

1. Ditzen & al. *Intranasal Oxytocin Increases Positive Communication and Reduces Cortisol Levels During Couple Conflict Biological Psychiatry*, 2008; DOI: 10.1016/j.biopsych.2008.10.011

© Groupe Eyrolles

Encore quelques clés pour se protéger individuellement des effets du stress

Tout au long de cet ouvrage, nous avons essayé de montrer que l'on peut, grâce à des comportements adéquats et à une communication de qualité, augmenter les capacités d'autrui à réussir tout en majorant ses chances d'être en bonne santé.

Mais, parfois, la vie est difficile et des soucis importants peuvent venir entraver un système bien huilé.

Dans ces cas-là, il peut être nécessaire d'associer une action individuelle pour augmenter les capacités de chacun à traverser au mieux les périodes de gros temps.

Les actions préconisées à l'échelle individuelle en cas de grandes difficultés peuvent bien sûr être utilisées de tout temps si l'on veut simplement augmenter ses capacités à aller bien.

Elles sont de trois ordres : alimentaires, physiques et psychiques.

© Groupe Eyrolles

Bien manger

Quand le niveau de stress est important, il est intéressant d'avoir une alimentation où les sucres rapides et le sel ne soient pas trop présents.

Notre organisme tend en effet, dans ces conditions, à augmenter son taux de sucre et à retenir du sel.

Parallèlement, dans de telles circonstances, l'oxydation de nos molécules par des radicaux hydroxyles est plus importante et cela va avoir un impact néfaste sur notre santé. Ces radicaux libres sont très réactifs, en raison de leur nombre impair d'électrons, ce qui leur permet d'altérer les cellules environnantes. Ils sont à l'origine du vieillissement, de la survenue de maladies inflammatoires, de cancers, du diabète, de l'athérosclérose, etc.

Parmi les facteurs qui favorisent la production de radicaux libres, il faut noter l'exposition prolongée au soleil, la consommation de tabac, de certains médicaments, la pratique trop intense ou inadaptée d'un sport, la consommation excessive d'alcool, la pollution, les agents infectieux, et bien sûr… le stress d'origine psychique.

Pour corriger cela, il est utile de recourir à des aliments ayant un pouvoir antioxydant à l'image de ceux qui contiennent de la vitamine E (huile d'olive), de la vitamine C (fruits et légumes frais), des caroténoïdes (carottes, melons, tomates…), des polyphénols (thé vert, soja), des oméga-3…

© Groupe Eyrolles

Bouger

Dans ces périodes de grande tension, il est également important d'avoir une activité physique.

Il ne s'agit pas là de tendre vers des performances exceptionnelles, mais d'avoir une activité physique la plus régulière possible. Celle-ci permet en effet de « consommer » les substances libérées en excès. La marche, la natation, le vélo… sont excellents.

Faire la part des choses

Il est tout aussi essentiel d'apprendre à faire la part des choses.

Souvent, dans ces moments-là, on va repenser à nos soucis, altérer la qualité de notre sommeil et donc nos capacités à récupérer de journées difficiles. Et le lendemain sera pire que la veille en raison de la fatigue accumulée. Pour éviter une telle spirale, il peut alors être intéressant le soir de prendre le temps de faire la part des choses et d'inciter son cerveau à s'imprégner des meilleurs moments de la journée.

À cet effet, avant de se coucher, le plus efficace est de prendre une feuille de papier, de la séparer verticalement en deux colonnes. Dans l'une de ces colonnes, on note les éléments négatifs de la journée. Dans l'autre, les éléments positifs car, même lorsque les temps sont durs, si l'on y prête garde, il existe des moments agréables. Parmi ces éléments

© Groupe Eyrolles

positifs, on repère les trois les plus significatifs pour nous et, lorsque l'on se couche, on se force à penser à ces trois éléments. Après quelques jours, on se sent mieux, et au bout de quelques semaines, le gain, en termes de sérénité, est tellement significatif qu'il se traduit physiquement !

Si l'on aide ainsi chacun à réussir au mieux et à se protéger des effets du stress par des relations humaines de grande qualité, si l'on aide chacun à traverser au mieux les moments difficiles, on permettra à l'Humain de venir équilibrer, à l'image d'un arc-boutant, les investissements techniques. Et de cet équilibre nouveau, jailliront des résultats bien supérieurs à ceux issus d'un seul investissement technique.

© Groupe Eyrolles

Conclusion : Tu deviendras comme je pense que tu es…

Tout au long de cet ouvrage, nous avons souhaité mettre en évidence les bienfaits de modes de communication et de comportements attentionnés. Ces bienfaits nous montrent à quel point l'être humain porte en lui les clés de l'excellence.

À côté de ces leviers, bien identifiés, nous souhaiterions vous amener à réfléchir sur l'intérêt d'envisager l'autre comme un gisement de performance et de savoirs.

En ce sens, Robert Rosenthal, professeur à Harvard, a mené, il y a quelques années, une série d'expériences passionnantes. Et tout comme la découverte de l'effet placebo a eu un véritable impact sur le monde médical, l'effet Rosenthal – ou effet Pygmalion – a bouleversé le champ des sciences sociales et économiques.

L'effet placebo, nous le connaissons. Un médicament sans aucun principe actif et donc censé ne produire aucun effet peut procurer de réels effets thérapeutiques. Simplement parce que les individus pensent qu'il est efficace. Selon les attentes des individus envers le traitement et le type de maladie, l'effet placebo dispose d'un impact thérapeutique variant de 30 % en moyenne jusqu'à 70 % pour les dépressions !

L'effet Rosenthal suit un processus assez similaire mais l'effet porte sur l'autre.

© Groupe Eyrolles

Le regard que je porte sur l'autre est de nature à le transformer et à le rendre conforme à mes attentes

Pour formuler ce principe, les chercheurs ont d'abord travaillé avec un animal paraissant, *a priori*, peu influençable : le rat. Bien qu'infondée, il apparaît que l'opinion positive ou négative des expérimentateurs envers les capacités de leurs rats influencent significativement leurs performances à une épreuve de labyrinthe.

Fort de ce premier succès, Rosenthal[1] et son équipe vérifient ensuite ce principe en confrontant des professeurs et des élèves.

La manière dont les professeurs traitent leurs élèves est influencée par leurs attentes à leur égard

Les chercheurs affirment aux enseignants que certains élèves, identifiés comme plus prometteurs que leurs camarades, feront des progrès conséquents durant l'année. Le seul fait de projeter l'image positive créée de toutes pièces par les chercheurs sur ces élèves, incite, consciemment ou non, les enseignants à se montrer plus chaleureux et plus patients envers ceux-ci. Ils leur laissent, par exemple, plus

1. Rosenthal R., Jacobson L., *Pygmalion in the Classroom : Teacher Expectation and Pupil's Intellectual Development*, Crown House Publishing, 2003.

© Groupe Eyrolles

d'occasions et de temps pour répondre en classe et leur fournissent, de manière générale, des feedbacks plus constructifs qu'aux autres élèves, ce qui les encourage à apprendre davantage et à prendre confiance en eux.

Le résultat obtenu de cette expérience est sans appel : une progression du score du quotient intellectuel des élèves soi-disant plus doués, bien plus importante que celle de leurs camarades.

Ainsi, l'enseignant qui attend d'un enfant qu'il soit bon élève, développe fortement les chances de celui-ci de le devenir ! Ou, *a contrario,* pour sortir du domaine scolaire, lorsqu'un individu s'attend à rencontrer une personne insupportable, il risque de l'aborder de manière très défensive, ce qui peut la rendre effectivement désagréable... Et ceci même si son opinion initiale est erronée !

Depuis une quarantaine d'années, de nombreuses études investiguant le domaine managérial démontrent l'importance de prendre conscience du regard que l'on porte sur l'autre.

Managers, investissez vos collaborateurs d'attentes qui les poussent à se dépasser !

Dans son article, « Pygmalion in management », publiée par la prestigieuse *Harvard Business Review*, le consultant en management J. STERLING LIVINGSTON[1], expliquera ainsi que la caractéristique essentielle des grands managers renvoie à cette capacité à investir ses collaborateurs d'attentes qui les poussent à se dépasser.

1. J. S. LIVINGSTON, *Pygmalion in management*, Harvard Business School Press, 2009.

© Groupe Eyrolles

En effet, le manager élabore assez rapidement des attentes sur les compétences et performances futures de ses collaborateurs. Ces attentes vont se traduire au niveau verbal mais aussi non verbal, par une attitude spécifique. La différence de traitement perçue par les collaborateurs affectera leurs performances selon l'opinion initiale du manager. Positive ou négative, la boucle est bouclée !

D'où la nécessité d'abandonner préjugés et autres jugements à l'emporte-pièce, afin de laisser à l'autre la possibilité d'exprimer tout son potentiel.

Rappelons-nous qu'en adoptant un comportement attentionné et bienveillant, nous pouvons aider autrui à tendre vers... l'excellence !

© Groupe Eyrolles

Index

© Groupe Eyrolles

F

G

H

I

J

L

M

© Groupe Eyrolles

O

P

R

S

© Groupe Eyrolles

T

U

V

© Groupe Eyrolles

Se libérer du
stress
Un médecin
URGENTISTE
raconte
Philippe Rodet
Préface de Jacqueline de Romilly
EYROLLES

mise en page :
48BIS
arts graphiques

Dépôt légal : novembre 2013
N° d'éditeur : 4328
IMPRIMÉ EN FRANCE

Achevé d'imprimer le 31 octobre 2013
sur les presses de l'imprimerie « La Source d'Or »
63039 Clermont-Ferrand
Imprimeur n° 13128

PEFC/10-31-2008

Dans le cadre de sa politique de développement durable,
La Source d'Or a été référencée IMPRIM'VERT®
par son organisme consulaire de tutelle.
Cet ouvrage est imprimé - pour l'intérieur -
sur papier bouffant « Munken Print White » 90 g
provenant de la gestion durable des forêts, des papeteries Arctic Paper,
dont les usines ont obtenu les certifications environnementales ISO 14001 et E.M.A.S.